全国“七五”普法统编系列教材

GUOJIAGONGZUORENYUAN
XUEFAYONGFADUBEN

国家工作人员

学法用法读本

全国人大常委会法工委原主任 顾昂然◎主编

《关于完善国家工作人员学法用法制度的意见》指出，国家工作人员学法用法是全面依法治国的基础性工作，是深入推进社会主义核心价值观建设的重要内容，是切实加强干部队伍建设的有效途径。

人民日报出版社

图书在版编目(CIP)数据

国家工作人员学法用法读本 / 顾昂然主编. —北京：人民日报出版社，2016.5
ISBN 978—7—5115—3815—4

Ⅰ. ①国… Ⅱ. ①顾… Ⅲ. ①法律—中国—干部教育—学习参考资料 Ⅳ. ①D92

中国版本图书馆 CIP 数据核字(2016)第 094622 号

书　　名：国家工作人员学法用法读本
作　　者：顾昂然

出 版 人：董　伟
责任编辑：周海燕　孙　祺
封面设计：杨　光

出版发行：人民日报出版社
社　　址：北京金台西路 2 号
邮政编码：100733
发行热线：(010)65369527　65369846　65369509　65369510
邮购热线：(010)65369530　65363527
编辑热线：(010)65369518
网　　址：www.peopledailypress.com
经　　销：新华书店
印　　刷：北京市德龙公防防伪印刷厂

开　　本：710mm×1000mm　1/16
字　　数：180 千字
印　　张：14
印　　次：2016 年 5 月第 1 版　2016 年 5 月第 1 次印刷

书　　号：ISBN 978—7—5115—3815—4
定　　价：36.00 元

目 录

CONTENTS

第二篇 突出学习宪法,培养宪法意识

第三章 宪 法

第四章 立法法和选举法

第三篇 学习国家基本法律,提高法律素养

第五章 行政法律制度

第六章 民法商法法律制度

第七章 经济法律制度

第八章 社会法律制度

第九章 刑事法律制度

第十章 诉讼法律制度

第十一章 国防法律制度

第十二章 国际法律制度

第四篇 学习与经济社会发展相关的法律法规

第十三章 反不正当竞争和反垄断法律制度

第十四章　产品质量和消费者权益保护法律制度

第十五章　文化法律制度

第五篇　学习保障和改善民生相关法律法规

第十六章　教育法律制度

第十七章　就业和社会保障法律制度

第十八章　医疗卫生法律制度

第十九章　环境保护和食品安全法律制度

第六篇　学习党章党规党纪，筑牢思想精神防线

第二十章　认真学习党章，严格遵守党章

第二十一章　强化党规党纪学习，守住为人、做事的基准和底线

附录一

附录二

关于完善国家工作人员学法用法制度的意见

（中组部、中宣部、司部法、人社部，2016 年 4 月）

为全面贯彻党的十八大和十八届三中、四中、五中全会精神，深入贯彻习近平总书记系列重要讲话精神，推动国家工作人员学法用法工作进一步制度化、规范化，切实提高国家工作人员法治素养和依法办事的能力，现就完善国家工作人员学法用法制度提出如下意见。

一、完善国家工作人员学法用法制度的重要性

国家工作人员学法用法是全面依法治国的基础性工作，是深入推进社会主义核心价值观建设的重要内容，是切实加强干部队伍建设的有效途径。党中央、国务院历来高度重视国家工作人员学法用法工作。党的十八大以来，习近平总书记多次对国家工作人员学法用法工作作出重要指示、提出明确要求，为国家工作人员学法用法工作指明了方向。各地各部门认真贯彻落实中央决策部署，采取有力措施，大力推进国家工作人员学法用法工作，取得显著成效。国家工作人员的学法自觉性不断提高，法律意识和法治素养明显增强，依法决策、依法行政、依法管理的能力普遍提高，在推进国家法治建设中发挥了重要作用。但同时也要看到，与全面依法治国的新要求相比，国家工作人员在学法用法方面还存在一些问题。有的领导干部对国家工作人员学法用法重视不够，有的地方和部门学法用法制度不够健全，有的国家工作人员法治观念淡薄，有的甚至知法犯法、以言代法、以权压法、徇私枉法。各地各部门一定要从全面依法治国的战略高度，充分认识国家工作人员学法用法的重要性，进一步健全完善学法用法各项制度，大力推动国家工作人员带头尊法学法守法用法，切实提高运用法治思维和法治方式解决问题的能力，不断促进全社会树立法

治意识、厉行法治，为建设社会主义法治国家作出应有贡献。

二、国家工作人员学法用法的指导思想和主要内容

（一）指导思想

全面贯彻党的十八大和十八届三中、四中、五中全会精神，坚持以马克思列宁主义、毛泽东思想、邓小平理论、“三个代表”重要思想、科学发展观为指导，深入学习贯彻习近平总书记系列重要讲话精神，贯彻落实中央关于法治宣传教育工作的决策部署，适应全面依法治国和全面从严治党的新要求，坚持学法用法相结合，进一步完善国家工作人员学法用法各项制度，健全考核评估机制，创新工作方式方法，不断推进国家工作人员学法用法工作持续深入开展，努力提高国家工作人员法治素养，增强运用法治思维和法治方式推动发展的能力水平，充分发挥在建设社会主义法治国家中的重要作用，为全面建成小康社会，实现“两个一百年”奋斗目标，实现中华民族伟大复兴的中国梦创造良好的法治环境。

（二）主要内容

国家工作人员学法用法要紧密结合实际，认真学习以宪法为核心的各项法律法规，牢固树立社会主义法治理念，努力提高法治素养，不断增强在法治轨道上深化改革、推动发展、化解矛盾、维护稳定的能力。各级领导干部要做尊法学法守法用法的模范，带头学习宪法和法律，带头厉行法治、依法办事。党员干部要深入学习党章和党内法规，尊崇党章，增强党章党规党纪意识，做党章党规党纪和国家法律的自觉尊崇者、模范遵守者、坚定捍卫者。

1. 突出学习宪法。坚持把学习宪法放在首位，深入学习宪法确立的基本原则、国家的根本制度和根本任务、国体和政体、公民的基本权利和义务等内容，培养宪法意识，树立宪法至上理念，自觉遵守宪法，维护宪法实施。

2. 学习国家基本法律。认真学习宪法相关法、民法商法、行政法、经济法、社会法、刑法、诉讼与非诉讼程序法、国防法以及国际法等方面的法律，认真学习党的十八大以来制定修改的法律，努力掌握法律基本知识，不断提高法律素养。

3. 学习与经济社会发展和人民生产生活密切相关的法律法规。认真学习社会主义市场经济法律法规、文化建设法律法规、生态环境保护法律法规，以及教育、就业、收入分配、社会保障、医疗卫生等保障和改善民生方面的法律法

规，不断提高运用法律手段管理经济社会事务的水平。

4.学习与履行岗位职责密切相关的法律法规。坚持干什么学什么、缺什么补什么，有针对性地加强与履职相关法律知识的学习，切实提高依法办事能力。

5.深入推进法治实践。坚持与法治实践相结合，把法治实践成效作为检验国家工作人员学法用法工作的重要标准，积极推进国家工作人员结合岗位需求开展用法活动，严格按照法律规定履行职责，不断提高社会治理法治化水平。

三、进一步健全完善国家工作人员学法用法制度

（一）健全完善党委（党组）中心组学法制度。坚持领导干部带头尊法学法，把宪法法律和党内法规列入各级党委（党组）中心组年度学习计划，组织开展集体学法。党委（党组）书记认真履行第一责任人职责，带头讲法治课，做学法表率。坚持重大决策前专题学法，凡是涉及经济发展、社会稳定和人民群众切身利益等重大问题，决策前应先行学习相关法律法规。逐步建立和完善领导干部学法考勤、学法档案、学法情况通报等制度，把领导干部学法各项要求落到实处。

（二）健全完善日常学法制度。结合国家工作人员岗位需要，推动学法经常化。坚持以自学为主的方法，联系实际制定学习计划，明确学习任务，保证学习时间和效果。定期组织法治讲座、法治论坛、法治研讨等，利用国家宪法日、宪法宣誓、法律颁布实施纪念日等开展学法活动，推动经常性学法不断深入。依托全国党员干部现代远程教育系统、各级政府网站、专门普法网等资源，建设网络学法学校、网络学法课堂，搭建和完善学法平台。注重微博、微信、微视、移动客户端等新技术在学法中的运用，组织开展以案释法、旁听庭审、警示教育等，不断拓宽学法渠道，推进学法形式创新。

（三）加强法治培训。把法治教育纳入干部教育培训总体规划，明确法治教育的内容和要求。把宪法法律列为各级党校、行政学院、干部学院、社会主义学院和其他相关培训机构的培训必修课，进一步加强法治课程体系建设，不断提高法治教育的系统性和实效性。把法治教育纳入国家工作人员入职培训、晋职培训的必训内容，确保法治培训课时数量和培训质量。根据实际需要组织开展专题法治培训，加大各类在职业务培训中法治内容的比重。在组织

调训中增加设置法治类课程，明确法治类课程的最低课时要求。

（四）坚持依法决策。严格遵守宪法和法律规定决策，做到法定职责必须为、法无授权不可为。落实重大决策合法性审查机制，对重大事项的决策权限、内容和程序等进行合法性审查，未经合法性审查或经审查不合法的，不得提交讨论。积极推进政府法律顾问制度，为政府重大决策提供法律意见，预防和减少违法决策行为的发生。各级党政机关和人民团体要普遍设立公职律师，参与决策论证，提高决策质量。推动在国有企业设立公司律师，防范经营风险，实现国有资产保值增值。落实重大决策终身责任追究制度及责任倒查机制，对于违法决策以及滥用职权、怠于履职造成重大损失、恶劣影响的，都要严格依法追究法律责任。

（五）严格依法履职。牢固树立权由法定、权依法使等基本法治观念，严格按照法律规定和法定程序履行职责，把学到的法律知识转化为依法办事的能力。严格实行执法人员持证上岗和资格管理制度，未取得执法资格的，不得从事执法活动。严格执行重大执法决定法制审核制度，对重大执法决定未经法制审核或者审核未通过的，不得作出决定。落实信息公开制度，依法公开职责权限、法律依据、实施主体、流程进度、办理结果等事项，自觉接受社会各方面监督。落实执法案卷评查、案件质量跟踪评判工作，努力提高执法质量和执法水平。执法、司法机关领导干部要以更高的标准和要求学法用法，忠于法律、捍卫法治。落实执法责任制，严格责任追究。

（六）完善考核评估机制。加强国家工作人员录用、招聘中法律知识的考察测试，增加公务员录用考试中法律知识的比重。定期组织开展国家工作人员法律考试，健全完善国家工作人员任职法律考试制度，推动以考促学、以考促用。对拟从事行政执法人员组织专门的法律考试，经考试合格方可授予行政执法资格。把学法用法情况列入公务员年度考核重要内容。领导班子和领导干部在年度考核述职中要围绕法治学习情况、重大事项依法决策情况、依法履职情况等进行述法。把法治观念、法治素养作为干部德才的重要内容，把能不能遵守法律、依法办事作为考察干部的重要依据。探索建立领导干部法治素养和法治能力测评指标体系，将测评结果作为提拔使用的重要参考。把国家工作人员学法用法情况纳入精神文明创建内容，列入法治城市、法治县（市、区）创建考核指标，增加考核的分值权重。

四、切实加强组织领导

各地各部门要把国家工作人员学法用法工作摆在重要位置，切实加强领导。主要领导负总责，分管领导具体抓，并明确专门机构和人员负责学法用法工作的具体落实。把国家工作人员学法用法作为一项长期性、经常性工作来抓，纳入本部门、本单位工作总体布局中，做到与业务工作同部署、同检查、同落实，细化各项制度措施，体现不同岗位特点，并为国家工作人员学法用法创造条件、提供保障。把国家工作人员学法用法工作纳入“法律进机关（单位）”、学习型党组织建设、学习型机关建设、机关（单位）法治文化建设的重要内容，推动学法用法向纵深发展。积极探索建立激励机制，按照国家有关规定表彰奖励先进单位和个人，充分调动国家工作人员学法用法的积极性和自觉性。注重总结宣传学法用法工作的成功经验和做法，充分发挥典型示范作用。

各有关部门要在党委的统一领导下，明确职责分工，加强协调配合，完善国家工作人员学法用法工作机制，进一步形成各司其职、各负其责、齐抓共管的工作格局。党委组织部门要对国家工作人员学法用法工作进行宏观指导和监督，把国家工作人员学法用法列入干部培训计划，协调培训院校落实宪法法律必修课，把学法用法情况作为考察干部的重要内容。党委宣传部门要协助落实党委（党组）中心组学法制度，加强对学法用法工作的舆论宣传。公务员主管部门要把法治知识纳入公务员录用考试、培训和年度考核范围。司法行政部门要具体承担国家工作人员学法用法的组织协调、指导和检查。

各地各部门要按照本意见的精神，研究制定符合本地本部门实际的国家工作人员学法用法制度，认真组织实施。

（来源：新华社 2016 年 4 月 7 日）

推动国家工作人员带头尊法学法守法用法

——司法部负责人就《关于完善国家工作人员学法用法制度的意见》答记者问

日前，中组部、中宣部、司法部、人社部联合印发了今年1月由中央全面深化改革领导小组审议通过的《关于完善国家工作人员学法用法制度的意见》。围绕意见的有关问题，司法部负责人回答了记者提问。

问：为什么要制定出台意见？

答：党的十八大以来，习近平总书记多次对国家工作人员学法用法工作作出重要指示，强调要抓"关键少数"，要求领导干部要做尊法学法守法用法的模范。党的十八届四中全会明确提出要"坚持把领导干部带头学法、模范守法作为树立法治意识的关键，完善国家工作人员学法用法制度"。党的十八届五中全会明确要求"增强全社会特别是公职人员尊法学法守法用法观念"。

这次制定出台意见，是全面贯彻党的十八大和十八届三中、四中、五中全会精神，深入贯彻习近平总书记系列重要讲话精神的重要举措；是在以往相关规定的基础上，总结提炼各地各部门开展国家工作人员学法用法的工作实践，根据全面依法治国和全面从严治党的新要求，对国家工作人员学法用法制度的健全和完善。对促使国家工作人员学法用法工作制度化、规范化和长效化，促使国家工作人员带头尊法学法守法用法，提高运用法治思维和法治方式解决问题的能力，促进全社会树立法治意识，建设社会主义法治国家具有重要意义。

问：意见主要解决哪些问题？

答：近年来，各地各部门认真贯彻落实中央决策部署，大力推进国家工作人员学法用法工作，取得显著成效。但与全面依法治国的要求相比，有的领导干部对国家工作人员学法用法重视不够，有的地方和部门学法用法制度不够健全，有的国家工作人员法治观念淡薄，有的甚至知法犯法、以言代法、以权压法、徇私枉法。意见着力推动国家工作人员学法用法工作在三方面取得新进步、新成效。

在认识上，要求各地各部门把国家工作人员学法用法工作摆在重要位置，作为一项长期性、经常性工作来抓，把国家工作人员学法用法纳入本地、本部门工作总体布局。

在制度上，对完善国家工作人员学法用法制度提出明确要求，使之更具体、易实施、可考核，促进国家工作人员学法用法由一般性要求变成制度性安排。

在机制上，明确了党委组织部门、宣传部门和政府公务员主管部门、司法行政部门在国家工作人员学法用法工作中的职责分工，加强组织协调，推动各司其职、各负其责、齐抓共管的工作格局进一步形成。

问：国家工作人员学法用法有何要求？

答：意见强调，要全面贯彻党的十八大和十八届三中、四中、五中全会精神，坚持以马克思列宁主义、毛泽东思想、邓小平理论、“三个代表”重要思想、科学发展观为指导，深入学习贯彻习近平总书记系列重要讲话精神，贯彻落实中央关于法治宣传教育工作的决策部署，适应全面依法治国和全面从严治党的新要求，坚持学法用法相结合，进一步完善国家工作人员学法用法各项制度，健全考核评估机制，创新工作方式方法，不断推进国家工作人员学法用法工作持续深入开展，努力提高国家工作人员法治素养，增强运用法治思维和法治方式推动发展的能力水平，充分发挥在建设社会主义法治国家中的重要作用，为全面建成小康社会和实现“两个一百年”奋斗目标，实现中华民族伟大复兴的中国梦创造良好的法治环境。

意见要求国家工作人员紧密结合实际，认真学习以宪法为核心的各项法律法规，牢固树立社会主义法治理念，努力提高法治素养，不断增强在法治轨道上深化改革、推动发展、化解矛盾、维护稳定的能力；强调各级领导干部要做尊法学法守法用法的模范，带头学习宪法和法律，带头厉行法治、依法办事；党员干部要认真学习党章和各项党内法规。

意见主要提出 5 方面内容。一是坚持把学习宪法放在首位，自觉遵守宪法，维护宪法实施；二是学习国家基本法律，努力掌握法律基本知识，；三是学习与经济社会发展和人民生产生活密切相关的法律法规，提高运用法律手段管理经济社会事务的水平；四是学习与履行岗位职责密切相关的法律法规，切实提高依法办事能力；五是积极推进国家工作人员结合岗位需求开展用法活动，严格按照法律规定履职，提高社会治理法治化水平。

问：为什么强调学习党内法规？

答：“形成完善的党内法规体系”是建设中国特色社会主义法治体系、建设社会主义法治国家的重要内容，健全党内法规是依法治国的题中之义。意见要求党员干部要深入学习党章和党内法规，尊崇党章，增强党章党规党纪意识，做党章党规党纪和国家法律的自觉尊崇者、模范遵守者、坚定捍卫者。各级党组织都要切实履行学习宣传党内法规的职责，坚持全面从严治党、依规管党，把党内法规作为学习型党组织建设的重要内容，充分发挥正面典型倡导和反面案例警示作用，为党内法规的贯彻实施营造良好氛围。

问：意见采取哪些措施推动国家工作人员学法？

答：一是健全完善党委（党组）中心组学法制度。意见把党委（党组）中心组学法制度作为国家工作人员学法的基本制度，要求坚持领导干部带头尊法学法，把宪法法律和党内法规列入各级党委（党组）中心组年度学法计划，党委（党组）书记认真履行第一责任人职责。坚持重大决策前专题学法，建立和完善领导干部学法考勤、学法档案、学法情况通报等制度。

二是健全完善日常学法制度。意见强调定期组织法治讲座、法治论坛、法治研讨等，利用国家宪法日、宪法宣誓、法律颁布实施纪念日等开展学法活动，深入推动经常性学法；要求搭建和完善学法平台，建设网络学法学校、网络学法课堂，拓宽学法渠道和学法形式。意见实施过程中，将推动各地各部门更多更好地运用微博、微信、移动客户端等新媒体新技术，更有效地组织开展以案释法、旁听庭审、警示教育等活动，增强国家工作人员学法的覆盖面和吸引力。

三是加强法治培训。意见要求把法治教育纳入干部教育培训总体规划，把宪法法律列为各级党校、行政学院、干部学院、社会主义学院和其他相关培训机构的培训必修课，加强法治课程体系建设，提高法治教育的系统性和实效性；把法治教育纳入国家工作人员入职培训、晋职培训的必训内容，确保法治培训课时数量和培训质量；根据实际需要组织开展专题法治培训，加大各类在职业务培训中法治内容比重；在组织调训中增加设置法治类课程，明确法治类课程的最低课时要求。

问：意见对国家工作人员用法提出了哪些要求？

答：意见从坚持依法决策和严格依法履职两个方面提出了要求。

在坚持依法决策方面，强调要严格遵守宪法和法律规定决策，做到法定职责必须为、法无授权不可为。落实重大决策合法性审查机制，对重大事项的决策权限、内容和程序等进行合法性审查。积极推进政府法律顾问制度，为政府重大决策提供法律意见。各级党政机关和人民团体普遍设立公职律师，推动在国有企业设立公司律师。落实重大决策终身责任追究制度及责任倒查机制，对于违法决策以及滥用职权、怠于履职造成重大损失、恶劣影响的，都要严格依法追究法律责任。

在严格依法履职方面，强调牢固树立权由法定、权依法使等基本法治观念，严格按照法律规定和法定程序履行职责，把学到的法律知识转化为依法办事的能力。严格实行执法人员持证上岗和资格管理制度，未取得执法资格的，不得从事执法活动。严格执行重大执法决定法制审核制度，对重大执法决定未经法制审核或者审核未通过的，不得作出决定。落实信息公开制度，依法公开职责权限、法律依据、实施主体、流程进度、办理结果等事项，自觉接受社会各方面监督。落实执法案卷评查、案件质量跟踪评判工作，努力提高执法质量和执法水平。执法、司法机关领导干部要以更高的标准和要求学法用法，忠于法律、捍卫法治。落实执法责任制，严格责任追究。

问：意见采用哪些措施加强学法用法的监督考核？

答：意见从国家工作人员法治素养和学法用法工作开展情况两个方面规定了监督考核的措施。

首先，推行国家工作人员法律考试。意见提出国家工作人员录用和招聘中的入门考法、定期法律考试、任职法律考试、拟从事行政执法人员的执法资格专门考试。关于录用和招聘中的入门考法，强调增加公务员录用考试中法律知识的比重；关于定期法律考试，许多地方和部门通过定期组织集中考法、网上考法等多种形式的法律考试，初步达到了以考促学、以考促用的效果；关于领导干部任职法律考试，各地普遍开展了人大任命干部的任前法律考试，意见实施后将对干部任职前考法制度的适用范围、考试内容、考试形式、考试结果运用等进行规范和完善，更加注重考察法治思维和法治方式能力，提高考试的科学性和有效性。

其次，加强对国家工作人员学法用法的考核监督。意见要求把学法用法情况列入公务员年度考核重要内容，领导班子和领导干部在年度考核述职中进行述法。意见强调把法治观念、法治素养作为干部德才的重要内容，把能不能遵守法律、依法办事作为考察干部的重要依据。意见同时要求对学法用法工作推动开展情况加强考核评估，把国家工作人员学法用法工作情况纳入精神文明创建内容，列入法治城市、法治县（市、区）创建考核指标。

问：如何建立国家工作人员学法用法工作机制？

答：落实意见须建立健全党委统一领导、各部门分工协作的国家工作人员学法用法工作机制。各地各部门要把国家工作人员学法用法工作摆在重要位置，主要领导负总责，分管领导具体抓，并明确专门机构和人员负责学法用法工作的具体落实，与业务工作同部署、同检查、同落实，细化各项制度措施，体现不同岗位特点，并为国家工作人员学法用法创造条件提供保障。积极探索建立激励机制，按照有关规定表彰奖励先进单位和个人。

意见强调，各有关部门要在党委的统一领导下，明确职责分工，加强协调配合，完善国家工作人员学法用法工作机制。党委组织部门要对国家工作人员学法用法工作进行宏观指导和监督，把国家工作人员学法用法列入干部培训计划，协调培训院校落实宪法法律必修课，把学法用法情况作为考察干部的重要内容。党委宣传部门要协助落实党委（党组）中心组学法制度，加强对学法用法工作的舆论宣传。公务员主管部门要把法治知识纳入公务员录用考试、培训和年度考核范围。司法行政部门要具体承担国家工作人员学法用法的组织协调、指导和检查。

（来源：新华社 2016 年 4 月 7 日）

关于实行国家机关“谁执法谁普法”普法责任制的意见

（中共中央办公厅、国务院办公厅，2017 年 5 月）

国家机关是国家法律的制定和执行主体，同时肩负着普法的重要职责。党的十八届四中全会明确提出实行国家机关“谁执法谁普法”的普法责任制。为健全普法宣传教育机制，落实国家机关普法责任，进一步做好国家机关普法工作，现就实行国家机关“谁执法谁普法”普法责任制提出如下意见。

一、总体要求

（一）指导思想

认真贯彻落实党的十八大和十八届三中、四中、五中、六中全会精神，坚持以邓小平理论、“三个代表”重要思想、科学发展观为指导，深入贯彻落实习近平总书记系列重要讲话精神和治国理政新理念新思想新战略，紧紧围绕统筹推进“五位一体”总体布局和协调推进“四个全面”战略布局，全面贯彻落实党中央关于法治宣传教育的决策部署，按照“谁执法谁普法”的要求，进一步明确国家机关普法职责任务，健全工作制度，加强督促检查，不断推进国家机关普法工作深入开展，努力形成党委统一领导，部门分工负责、各司其职、齐抓共管的工作格局，为全面依法治国作出积极贡献。

（二）基本原则

——坚持普法工作与法治实践相结合。把法治宣传教育融入法治实践全过程，在法治实践中加强法治宣传教育，不断提高国家机关法治宣传教育的实际效果。

——坚持系统内普法与社会普法并重。国家机关在履行好系统内普法责任的同时，积极承担面向社会的普法责任，努力提高国家工作人员法律素质，增强社会公众的法治意识。

——坚持条块结合、密切协作。国家机关普法实行部门管理与属地管理相结合,加强部门与地方的衔接配合,完善分工负责、共同参与的普法工作机制,形成普法工作合力。

——坚持从实际出发、注重实效。立足国家机关实际,结合部门工作特点,创新普法理念、工作机制和方式方法,积极推动各项普法责任的落实,切实增强普法的针对性和实效性。

二、职责任务

(一)建立普法责任制。国家机关要把普法作为推进法治建设的基础性工作来抓,纳入本部门工作总体布局,做到与其他业务工作同部署、同检查、同落实。按照普法责任制的要求,制定本部门普法规划、年度普法计划和普法责任清单,明确普法任务和工作要求。建立健全普法领导和工作机构,明确具体责任部门和责任人员。

(二)明确普法内容。深入学习宣传习近平总书记关于全面依法治国的重要论述,宣传以习近平同志为核心的党中央关于全面依法治国的重要部署。突出学习宣传宪法,弘扬宪法精神,树立宪法权威。深入学习宣传中国特色社会主义法律体系,深入学习宣传与本部门职责相关的法律法规,增强国家工作人员依法履职能力,特别是领导干部运用法治思维和法治方式开展工作的能力,提高社会公众对相关法律法规的知晓度。深入学习宣传党内法规,增强广大党员党章党规党纪意识。坚持普治并举,积极推进国家机关法治实践活动,不断提高社会治理法治化水平。

(三)切实做好本系统普法。健全完善国家机关党组(党委)理论学习中心组学法制度,坚持领导干部带头尊法学法守法用法。健全完善日常学法制度,推进国家工作人员学法经常化。加强对国家工作人员的法治培训,把宪法法律和党内法规作为重要内容,建立新颁布的国家法律和党内法规学习培训制度,不断提高培训质量。加强对国家工作人员学法用法的考试考核,完善评估机制。大力开展"法律进机关"、机关法治文化建设等活动,营造良好的机关学法氛围。

(四)充分利用法律法规规章和司法解释起草制定过程向社会开展普法。在法律法规规章和司法解释起草制定过程中,对社会关注度高、涉及公众切身利益的重大事项,要广泛听取公众意见。除依法需要保密的外,法律法规规章和司法解释草案要向社会公开征求意见,并说明相关制度设计,动员社会各方面广泛参与。加强与社会公众的沟通,及时向社会通报征求意见的有关情况,增强社会公众对法律的理解和认知。法律法规规章和司法解释出台后，以通俗易懂的语言将公民、法人和其他组织的权利义务、权利救济方式等主要内容，通过政府网站、新闻媒体公布或在公共场所陈列，方便社会公众理解掌握。

（五）围绕热点难点问题向社会开展普法。执法司法机关在处理教育就业、医疗卫生、征地拆迁、食品安全、环境保护、安全生产、社会救助等群众关心的热点难点问题过程中，要加强对当事人等诉讼参与人、行政相对人、利害关系人以及相关重点人群的政策宣讲和法律法规讲解，把矛盾纠纷排查化解与法律法规宣传教育有机结合起来，把普法教育贯穿于事前、事中、事后全过程，让群众在解决问题中学习法律知识，树立法律面前人人平等、权利义务相一致等法治观念。针对网络热点问题和事件，组织执法司法人员和专家学者进行权威的法律解读，组织普法讲师团、普法志愿者广泛开展宣传讲解，弘扬法治精神，正确引导舆论。

（六）建立法官、检察官、行政执法人员、律师等以案释法制度。法官、检察官在司法办案过程中要落实好以案释法制度，利用办案各个环节宣讲法律，及时解疑释惑。判决书、裁定书、抗诉书、决定书等法律文书应当围绕争议焦点充分说理，深入解读法律。要通过公开开庭、巡回法庭、庭审现场直播、生效法律文书统一上网和公开查询等生动直观的形式，开展以案释法。行政执法人员在行政执法过程中，要结合案情进行充分释法说理，并将行政执法相关的法律依据、救济途径等告知行政相对人。各级司法行政机关要加强对律师的教育培训，鼓励和支持律师在刑事辩护、诉讼代理和提供法律咨询、代拟法律文书、担任法律顾问、参与矛盾纠纷调处等活动中，告知当事人相关的法律权利、义务和有关法律程序等，及时解答有关法律问题；在参与涉法涉诉信访案件处理过程中，切实做好释法析理工作，引导当事人依法按程序表达诉求，理性维护合法权益，自觉运用法律手段解决矛盾纠纷。审判机关、检察机关、行政执法机关、司法行政机关要加强典型案例的收集、整理、研究和发布工作，建立以案释法资源库，充分发挥典型案例的引导、规范、预防与教育功能。要以法律进机关、进乡村、进社区、进学校、进企业、进单位等为载体，组织法官、检察官、行政执法人员、律师开展经常性以案释法活动。

（七）创新普法工作方式方法。在巩固国家机关橱窗、板报等基础宣传阵地的同时，积极探索电子显示屏、电子触摸屏等新型载体在普法宣传中的运用，建好用好法治宣传教育基地，切实将法治教育纳入国民教育体系，在中小学设立法治知识课程。充分发挥广播、电视、报刊等传统媒体优势，不断创新普法节目、专栏、频道，开展形式多样、丰富多彩的法治宣传教育。进一步深化司法公开，依托现代信息技术，打造阳光司法工程。注重依托政府网站、专业普法网站和微博、微信、微视频、客户端等新媒体新技术开展普法活动，努力构建多层次、立体化、全方位的法治宣传教育网络。坚持以社会主义核心价值观为引领，大力加强法治文化建设，在做好日常宣传的同时，充分利用国家宪法日、法律颁布实施纪念日等时间节点，积极组织开展集中普法活动，不断增强法治宣传实效。

三、组织领导

各级党委（党组）要高度重视，切实加强对普法工作的领导。各级国家机关要充分认识普法责任制在健全普法宣传教育机制、推进社会主义法治国家建设中的重要作用，把建立普法责任制摆上重要日程，及时研究解决普法工作中的重大问题，加强人员、经费、物质保障，为普法工作开展创造条件。要把普法责任制落实情况作为法治建设的重要内容，纳入国家机关工作目标考核和领导干部政绩考核，推动本部门普法责任制的各项要求落到实处。上级国家机关要加强对下级国家机关普法责任制建立和落实情况的督促检查，强化工作指导，确保普法工作取得实效。对于综合性法律，各有关部门要加强协调配合，增强法治宣传社会整体效果。

各级司法行政机关和普法依法治理领导小组办公室要充分发挥职能作用，加强对国家机关普法工作的指导检查，对涉及多部门的法律法规，要加强组织协调，形成工作合力。要定期召开联席会议，研究解决部门普法工作遇到的困难和问题，推动普法责任制的落实。要健全完善普法工作考核激励机制，建立考核评估体系，对照年度普法计划和普法责任清单，加强对国家机关普法责任制落实情况的检查考核，对责任落实到位、普法工作成效显著的部门，按照国家有关规定予以表彰奖励；对责任不落实、普法工作目标未完成的部门，予以通报。要注重总结落实普法责任制好的做法，积极推广普法工作好的经验，加强宣传，不断提高国家机关普法工作水平。

各地区各部门要按照本意见精神，研究制定具体措施，认真组织实施。

（来源：新华社 2017 年 5 月 17 日）

第一篇 完善学法用法制度，全面推进依法治国

第一章　深入学习社会主义法治理论

奉法者强则国强，奉法者弱则国弱。当前，全面建成小康社会进入决定性阶段，改革进入攻坚期和深水区。我们党面对的改革发展稳定任务之重前所未有、矛盾风险挑战之多前所未有，依法治国在党和国家工作全局中的地位更加突出、作用更加重大。全面推进依法治国是关系我们党执政兴国、关系人民幸福安康、关系党和国家长治久安的重大战略问题，是完善和发展中国特色社会主义制度、推进国家治理体系和治理能力现代化的重要方面。

在"四个全面"战略布局中，全面依法治国这一战略举措，与全面深化改革、全面从严治党相辅相成，共同为全面建成小康社会这一战略目标提供基本动力、基本保障、基本支撑。我们要实现党的十八大和十八届三中、四中、五中、六中全会作出的一系列战略部署，全面建成小康社会、实现中华民族伟大复兴的中国梦，全面深化改革、完善和发展中国特色社会主义制度，就必须坚定不移走中国特色社会主义法治道路，全面推进依法治国。

第一节　建设中国特色社会主义法治体系

党的十八届四中全会通过的《中共中央关于全面推进依法治国若干重大

问题的决定》指出,全面推进依法治国的总目标是建设中国特色社会主义法治体系,建设社会主义法治国家。中国特色社会主义法治体系是一个全新的概念,从结构到内涵,从理论到实践,涵盖了全面推进依法治国、努力建设法治中国宏伟蓝图的方方面面,体现了全面推进依法治国是一项庞大的法治建设系统工程的重要思想,是习近平总书记关于中国特色社会主义现代化建设和法治建设的一个核心思想和重要理论。

一、中国特色社会主义法治体系的含义

2011 年 3 月 10 日,吴邦国同志在十一届全国人大四次会议第二次全体会议上庄严宣布:一个立足中国国情和实际、适应改革开放和社会主义现代化建设需要、集中体现党和人民意志的,以宪法为统帅,以宪法相关法、民法商法等多个法律部门的法律为主干,由法律、行政法规、地方性法规与自治条例、单行条例等三个层次的法律规范构成的中国特色社会主义法律体系已经形成。2011 年 10 月 27 日,国务院新闻办发表的《中国特色社会主义法律体系》白皮书指出,依法治国,建设社会主义法治国家,是中国共产党领导人民治理国家的基本方略。中国特色社会主义法律体系的形成,总体上解决了有法可依的问题,对有法必依、执法必严、违法必究提出了更为突出、更加紧迫的要求。

2014 年 10 月 23 日,党的十八届四中全会提出"全面推进依法治国的总目标是建设中国特色社会主义法治体系,建设社会主义法治国家"。这也是"中国特色社会主义法治体系"概念的首次提出。

那么,究竟什么是"法治体系"?"法治体系"与"法律体系"之间到底有哪些区别?可以说,建设中国特色社会主义法治体系,是我国法治理论的重大突破——即从构建静态的"社会主义法律体系"到构建动态的"社会主义法治体系",其实质是"法制现代化"向"法治现代化"的转变。法律体系是法律规范的集合体,法治体系则是指运用法律和制度治理国家、治理社会。前者重点在于建立法律规则,后者则强调实现规则之治。也就是说,完善法律体系是为建设法治体系和法治国家服务的。从"法律体系"到"法治体系",虽一字之差,却体现了我们党对法治建设规律的认识不断深化,推动了中国法治建设的战略升级。

因此,党的十八届四中全会提出建设中国特色社会主义法治体系,其要义就是把体系化的要求落实到法治的过程中去。即"建立中国特色社会主义法

治体系,建设社会主义法治国家”,就是在中国共产党领导下,坚持中国特色社会主义制度,贯彻中国特色社会主义法治理论,形成完备的法律规范体系,高效的法治实施体系,严密的法治监督体系,有力的法治保障体系,形成完善的党内法规体系,坚持依法治国、依法执政、依法行政共同推进,坚持法治国家法治政府法治社会一起建设,实现科学立法、严格执法、公正司法、全民守法,促进国家治理体系、治理能力的现代化。

“社会主义法治体系”概念的提出,丰富了社会主义法治理论,体现了我们党科学务实、改革创新的精神,必将对国家治理体系和治理能力的现代化以及社会主义法治国家建设产生积极而深远的影响。

二、中国特色社会主义法治体系的内容

中国特色社会主义法治体系包括完备的法律规范体系、高效的法治实施体系、严密的法治监督体系、有力的法治保障体系、完善的党内法规体系五个子系统。

(一)完备的法律规范体系

法律是治国之重器,良法是善治之前提。党的十八届四中全会提出,要“形成完备的法律规范体系”“完善以宪法为核心的中国特色社会主义法律体系,加强宪法实施”“建设中国特色社会主义法治体系,必须坚持立法先行,发挥立法的引领和推动作用”。中国特色社会主义法律体系已经形成,但法律体系中不协调、不一致、体系性差等问题依然存在。在新的历史条件下,进一步完善和提升中国特色社会主义法律体系仍然是法治建设的关键环节。全面推进依法治国,实现重大改革于法有据、立法主动适应改革和经济社会发展,需要更多更充分的法律规范为全社会依法办事提供基本遵循。一是要加快完善法律、行政法规、地方性法规体系;二是要完善包括市民公约、乡规民约、行业规章、团体章程在内的社会规范体系;三是可以有限制地将司法判例、交易习惯、法律原则、国际惯例作为裁判根据,以弥补法律供给的不足。

(二)高效的法治实施体系

法律的生命力在于实施,法律的权威也在于实施。党的十八届四中全会提出形成高效的法治实施体系。要实现建设中国特色社会主义法治体系,建设社会主义法治国家的总目标,高效的法治实施体系至为关键。天下之事,不难于立法,难于法之必行。再好的法律,如果得不到有效实施,也是一纸空文。

建立高效的法治实施体系是全面推进依法治国的核心。而法律能够得到有效实施必须具备以下条件：一是法律必须公正而且有权威性，得到人们的信赖，得到人们的崇尚信仰；二是执法机构必须权责清晰，执法人员素质必须良好，能够严格、公正、规范、文明执法；三是有一套确保法律实施的激励机制和责任追究机制；四是有一套完善的监督救济机制。法律的高效实施，依赖于守法观念的形成，而守法观念的形成，首先就要求政府严格依法办事，以守法、高效、廉洁的政府带动社会守法氛围的形成。法律有效实施，严格执法是关键。这就要求依法全面履行政府职能，推行政府权力清单制度，做到行政行为于法有据，法无授权不可为，法定职责必须为。保证法律的高效实施，需要合理的激励评价制度和严密的有效监督。强化监督问责机制，形成全天候立体监督模式，让执法者须臾不敢忘记法定的职责，司法者丝毫不敢违背法律准则，确保法律的严格、公正实施。

（三）严密的法治监督体系

严密的法治监督体系，可以保证法律实施的方向，防止法律被曲解和践踏。失去监督的权力，必然导致腐败。党的十八大以来，我国始终坚持加强对行政权力、司法活动的监督，构建结实的权力笼子，让权力的运行始终处于阳光之下。一套集党内监督、人大监督、民主监督、行政监督、司法监督、审计监督、社会监督、舆论监督于一体，相辅相成、相互配合的监督体系，正在逐步形成。为了把权力装进制度笼子，政府以简政放权为抓手，持续加大推进简政放权、放管结合力度，推行权力清单、责任清单和负面清单制度，使“法无授权不可为、法定职责必须为”成为政府行使权力的准则。司法监督体系的框架也逐渐拓展，司法公开、人民陪审员、人民监督员等都是监督体系的重要组成部分。法治监督体系的建立和完善，关系到法律能不能很好地实施，关系到公权力机关能不能在法律的框架内行使权力，关系到组织、公民能不能遵守法律、信仰法律。因此，法治监督体系必须以法律为前提，任何机关、组织或个人都不能干扰、阻挠甚至破坏法律的实施，这是法治监督必须遵守的前提和原则。

（四）有力的法治保障体系

法治保障体系是中国特色社会主义法治沿着正确道路前进的重要保障，是确保法治高效运行的重要支撑。只有保障体系科学、机制健全、资源充分，才能确保严格执法、公正司法，才能更好地全面推进依法治国。虽然中国特色社会主义法律体系已经形成并不断完善，但由于我国法治保障机制跟不上，有法不依、执法不严、违法不究等现象依然存在,只有形成有力的法治保障体系,让法治成为全社会的共同信仰,才能更好地全面推进依法治国。党的十八届四中全会对形成有力的法治保障体系作出了一系列改革部署:一是要普遍建立法律顾问制度;二是完善规范性文件、重大决策合法性审查机制;三是健全法规、规章、规范性文件备案审查制度;四是健全社会普法教育机制,增强全民法治观念;五是深化行政执法体制改革;六是完善行政执法程序,规范执法自由裁量权,加强对行政执法的监督,全面落实行政执法责任制和执法经费由财政保障制度;七是完善行政执法与刑事司法衔接机制;八是建立符合职业特点的司法人员管理制度;九是优化司法职权配置,健全司法权力分工负责、互相配合、互相制约机制;十是健全国家司法救助制度,完善法律援助制度;十一是完善律师执业权利保障机制和违法违规执业惩戒制度,加强职业道德建设。各级党委要切实加强对依法治国的领导,提高依法执政能力和水平,为全面依法治国提供有力的政治和组织保障。努力推动形成办事依法、遇事找法、解决问题用法、化解矛盾靠法的社会氛围,完善守法诚信褒奖机制和违法行为惩戒机制,使尊法信法守法成为全体人民的共同追求和自觉行动。

（五）完善的党内法规体系

中国共产党是一个有着 8900 多万名党员的大党。管理这支队伍,离不开完备的党内法规制度作保障。治国必先治党,治党务必从严,从严必有法度。党的十八届四中全会《决定》提出的“加强党内法规制度建设”,为推进依法治国和依规管党治党指明了方向。党规党纪是管党治党建设党的重要法宝,是我们党的一大政治优势。党内法规作为中国特色社会主义法治体系的重要组成部分,既是建设社会主义法治国家的有力保障,也是管党治党的重要依据。这是因为,党是肩负神圣使命的政治组织,党员是有着特殊政治职责的公民。党必须坚持依法执政,在宪法和法律范围内活动,同时,又要以更严的标准要求党员、更严的措施管住干部。只有建立健全党内法规制度体系,从严依规管党治党建设党,才能保证党的路线、方针、政策得到强有力的贯彻实施,才能确保党的执政能力不断得到提高。目前,党内法规体系顶层设计不够,总体框架不明,导致党内法规存在“碎片化”现象。党的十八届四中全会要求,要在对现有党内法规进行全面清理的基础上,抓紧制定和修订一批重要党内法规,加大党内法规备案审查和解释力度,完善党内法规制定体制机制,形成配套完备的党内法规制度体系,使党内生活更加规范化、程序化,使党内民主制度体系更加完善，使权力运行受到更加有效的制约和监督，使党执政的制度基础更加巩固。同时，要建立健全问责机制，把党内法规制度执行情况纳入问责和领导干部述职述廉内容，促进领导干部带头执行制度，维护党内法规的权威。

三、建设中国特色社会主义法治体系的要求

（一）坚持依法治国、依法执政、依法行政共同推进

坚持依法治国、依法执政、依法行政共同推进是中国特色社会主义法治体系的根本要求。依法治国是党领导人民治国理政的基本方略，是发展社会主义市场经济的客观需要，是国家长治久安的重要保障。依法治国就是要依照宪法和法律规定，通过各种途径和形式实现人民群众在党的领导下管理国家事务、管理经济文化事业、管理社会事务，保证国家各项工作都依法进行，从制度和法律上保证党的基本路线和基本方针的贯彻实施，保证党始终发挥总揽全局、协调各方的领导核心作用。依法执政是我们党执政的重要途径和方式，是依法治国的关键。中国共产党作为执政党，就要坚持党领导人民制定法律、实施法律并在宪法法律范围内活动的原则，健全党领导依法治国的制度和工作机制，促进党的政策和国家法律互联互动。依法行政是依法治国的重点，其实质是实现法治行政。党的十八届四中全会要求，深入推进依法行政，一是要创新执法体制，完善执法程序，推进综合执法，严格执法责任，建立权责统一、权威高效的依法行政体制；二是加快建设职能科学、权责法定、执法严明、公开公正、廉洁高效、守法诚信的法治政府，切实做到合法行政、合理行政、高效便民、权责统一、政务公开。各级政府必须坚持在党的领导下、在法治轨道上开展工作。

（二）坚持法治国家、法治政府、法治社会一体建设

坚持法治国家、法治政府、法治社会一体建设是中国特色社会主义法治体系的具体目标。建设中国特色社会主义法治体系，全面推进依法治国，目标是建设法治国家；全面推进依法行政，目标是实现法治政府；建成法治国家和法治政府的同时，形成法治社会。法治国家是建设中国特色社会主义法治体系长远目标，其核心要求是全面推进科学立法、严格执法、公正司法、全民守法的进程，使国家治理体系和治理能力现代化、法治化。法治政府是建设中国特色社会主义法治体系的重点任务，其核心是规范和制约政府权力，使政府职能科

学、权责法定、执法严明、公开公正、廉洁高效、守法诚信，提高政府运用法治思维和法治方式化解社会矛盾的能力。法治社会是中国特色社会主义法治体系建设的重要组成部分，其核心是弘扬社会主义核心价值观，形成全社会成员自觉信仰法律、敬畏法律、遵守法律、运用法律、维护法律的法治思维、法治意识、法治文化。法治国家、法治政府、法治社会一体建设，相互补充，相互促进，共同构成建设中国特色社会主义法治体系的具体目标。

（三）实现科学立法、严格执法、公正司法、全民守法

党的十一届三中全会提出“有法可依、有法必依、执法必严、违法必究”的社会主义法制建设16字方针。党的十八大报告提出“科学立法、严格执法、公正司法、全民守法”的新的16字方针，表明我国社会主义法治建设进入了新阶段，同时也确立了新时期法治中国建设的基本内容。党的十八届四中全会对推进科学立法、严格执法、公正司法、全民守法作出了全面部署。科学立法是法治建设的前提，要求完善立法规划，突出立法重点，坚持立改废释并举，提高立法科学化、民主化水平，提高法律的针对性和有效性，完善立法工作机制和程序，扩大公众有序参与，从而使法律准确反映经济社会发展要求，更好协调各种利益关系，充分发挥立法的引领和推动作用。严格执法，是社会主义法治的基本要求之一，是实现司法公正的基本前提。严格执法要求加强宪法和法律实施，维护社会主义法制的统一、尊严、权威，做到有法必依、执法必严、违法必究。公正司法，要求要努力让人民群众在每一个司法案件中都感受到公平正义。一是要按照全面推进依法治国目标的要求深化司法体制改革，进一步健全司法内部监督制约机制，让执法司法权在制度的笼子里运行；二是要努力建设一支政治过硬、业务过硬、责任过硬、纪律过硬、作风过硬，信念坚定、执法为民、敢于担当、清正廉洁的高素质司法工作队伍，这是确保司法公正的关键。全民守法是依法治国的基础。全民守法要求任何组织或者个人都必须在宪法和法律范围内活动，任何公民、社会组织和国家机关都要以宪法和法律为行为准则，依照宪法和法律行使权利或权力、履行义务或职责。全面推进依法治国，只有把大力推动全民守法作为重要支撑，增强全社会的法治观念和法治意识，才能形成守法光荣和守法有责的良好风尚。

(四)促进国家治理体系和治理能力现代化

全面推进依法治国既是实现国家治理现代化目标的基本要求,又是实现国家治理体系和治理能力现代化的重要保证。习近平总书记在中央政法工作会议上从加强政法工作的角度对“推进国家治理体系和治理能力现代化”作了新的阐释,具体包含以下内容:一是明确了依法治国是党领导人民治理国家的基本方略;二是要运用法治思维和法治方式推进国家治理体系和治理能力现代化;三是要从系统和整体角度来构建国家治理体系;四是明确要求各级领导干部“要带头依法办事,带头遵守法律,牢固确立法律红线不能触碰、法律底线不能逾越的观念”。以上要求实际上明确了“国家治理体系和治理能力现代化”的“法律底线”、“法律红线”标准。国家治理现代化的基本要求是民主、科学、文明、法治,其中的“民主、科学、文明”又离不开法治的保障。治理现代化需要通过法治手段进一步具体地对应到治理体系的各个领域和每个方面,需要进一步量化为具体的指标体系,包括国权配置定型化、公权行使制度化、权益保护实效化、治理行为规范化、社会关系规则化、治理方式文明化六个方面。此外,党的十八届四中全会《决定》还将“依法治国与以德治国相结合”作为全面推进依法治国的一项基本原则。所以,实现国家治理体系和治理能力的“法治化”,不能“为了法治化而法治化”,要紧紧围绕“现代化”这个主题,采取各种切实有效的措施来实现国家治理体系和治理能力法治化和现代化的目标。

第二节　树立社会主义法治理念,弘扬社会主义法治精神

党的十八届四中全会《决定》指出,法律的权威源自人民的内心拥护和真诚信仰。法治精神和法治信仰是法治的灵魂,如果人们缺乏法治精神、没有法治信仰,法治只能是无本之木。全面推进依法治国,建设法治中国,不仅体现在公正高效权威法律制度的表面,而且彰显于法治精神、法治信仰是否已经渗入每个公民的内心。在全社会大力弘扬社会主义法治精神,建设社会主义法治文化,树立社会主义法治理念,对全面实施依法治国基本方略,坚定不移走中国特色社会主义法治道路,加快建设社会主义法治国家,对于协调推进“四个全面”战略布局,实现“两个一百年”奋斗目标和中华民族伟大复兴的中国梦

具有十分重要的意义。

一、社会主义法治理念的含义

法治既表现为法律规范和法律实践，也表现为价值理念。法治理念清晰，制度安排才合理；法治理念深入人心，法治才能真正得到实施。社会主义法治理念是体现社会主义法治内在的要求的一系列观念、信念、理想和价值的集合体，是指导和调整社会主义立法、执法、司法、守法和法律监督的方针和原则。

社会主义法治理念是建立在马克思主义理论基础上的、反映和指导中国特色社会主义法治实践的现代法治理念。它既有包容一切先进法治理念的进步性，又有立足现实、强调历史发展阶段的具体性。社会主义法治理念包含五个方面的内容：一是依法治国的理念；二是执法为民的理念；三是公平正义的理念；四是服务大局的理念；五是党的领导的理念。坚持党的领导、人民当家作主和依法治国有机统一，是社会主义法治理念的核心和精髓。公平正义是社会主义法治理念的基本价值取向。树立法律的权威是社会主义法治理念的根本要求。只有按照这些理念来推进法治建设，才能真正建成社会主义法治国家。

二、社会主义法治理念的基本内容

（一）依法治国是社会主义法治的核心内容

依法治国是我们党提出的建设中国特色社会主义国家的基本方略，也是社会主义法治的核心内容。坚持依法治国，首先要在全社会和全体公民，特别是执法者中养成自觉尊重法律、维护法律权威、严格依法办事的思想意识。并且严格依照宪法和法律规定，管理国家事务，管理经济文化事业，管理社会事务，保证国家各项工作的依法进行，逐步实现社会主义民主政治的规范化、程序化和法制化。

（二）社会主义法治的本质要求是执法为民

执法为民是我们党“立党为公、执政为民”执政理念的必然要求，是“一切权力属于人民”这一宪法原则的具体体现，也是各项工作始终保持正确的政治方向的思想保证。执法为民理念包括：一切为了人民、一切依靠人民以及尊重和保障人权。

(三)社会主义法治的价值追求是公平正义

公平正义是人类社会文明进步的重要标志,是社会主义和谐社会的关键环节。所谓公平正义,指的是人们的行为、社会规则和制度,被最广泛的主体发自内心地接受、赞同、服从和仿效,社会成员能够按照法律规定的方式公平地实现权利,履行义务,并受到法律的保护。

在我国,随着市场经济的发展,社会结构的变动,利益关系的多元化,社会公平问题日益凸显出来。要解决公正问题,最重要的是要通过推进社会主义法制进程,逐步建立并从法律上保障公平的机制、公平的规则、公平的环境、公平的条件和公平发展的机会。社会主义立法要体现全社会对公平正义的要求和愿望,使正义的要求法律化、制度化,使实现正义的途径程序化、公开化。依法治国的根本任务就是要保障在全社会实现公平正义。

(四)社会主义法治的重要使命是服务大局

服务大局是社会主义法治的重要使命,这是由社会主义法律的本质和法治工作的性质所决定的。全面依法治国、建设社会主义法治国家,是中国特色社会主义事业的重要内容,社会主义法治必须在这一整体和全局的统率与主导下展开。我国法的本质与党和国家的工作大局密不可分,社会主义法治是促进国家治理体系和治理能力现代化的保障。作为国家治理方式,社会主义法治必然服务于国家的根本任务和根本利益。现阶段,党和国家大局是协调推进"四个全面"战略布局,主动适应经济发展新常态,统筹推进经济建设、政治建设、文化建设、社会建设、生态文明建设和党的建设,确保如期全面建成小康社会,为实现第二个百年奋斗目标、实现中华民族伟大复兴的中国梦奠定更加坚实的基础。社会主义法治必须致力于实现党和国家这一根本任务,维护党和国家这一根本利益。

(五)党的领导是社会主义法治的根本保障

关于党对法治的领导,党的十八届四中全会《决定》提出,党的领导是全面推进依法治国、加快建设社会主义法治国家最根本的保证。我国宪法确立了中国共产党的领导地位。中国共产党的领导是中国特色社会主义最本质的特征,是社会主义法治最根本的保证。把党的领导贯彻到依法治国全过程和各方面,是我国社会主义法治建设的一条基本经验,也是建设中国特色社会主义法治体系的经验。新形势下,必须加强和改进党对法治工作的领导,把党的领导贯彻到全面推进依法治国全过程。坚持依法执政,各级领导干部要带头遵守法律,带头依法办事，不得违法行使权力，更不能以言代法、以权压法、徇私枉法。健全党领导依法治国的制度和工作机制，统一领导、统一部署、统筹协调，完善党委依法决策机制。

三、大力弘扬社会主义法治精神的意义

社会主义法治精神是法治精神与建设社会主义法治国家具体实践相结合的产物，是人们对社会主义法治的真诚信仰和对社会主义法治理念的高度认同。习近平总书记曾指出："人们没有法治精神、社会没有法治风尚，法治只能是无本之木、无根之花、无源之水。"全面依法治国，是国家治理领域一场广泛而深刻的革命，事关我们党执政兴国、事关人民幸福安康、事关党和国家长治久安。全面依法治国，既要治标，更要治本。大力弘扬社会主义法治精神，就是全面推进依法治国的治本之策。

（一）党执政兴国必须弘扬社会主义法治精神

发展是党执政兴国的第一要务。党的十八届五中全会强调，法治是发展的可靠保障。发展，既要靠改革的力量，也要靠法治的力量。全面深化改革与全面依法治国，犹如车之两轮、鸟之双翼，并驾齐驱，不可偏废。全面依法治国，必须抓住领导干部这个"关键少数"，各级领导干部在推进依法治国方面肩负着重要责任。党领导立法、保证执法、支持司法、带头守法，就必须使党员领导干部成为尊法学法守法用法的模范，尊崇法治、敬畏法律，带头弘扬社会主义法治精神。

（二）人民幸福安康必须弘扬社会主义法治精神

人民的权益要靠法治来保障。社会主义法治的出发点和落脚点，是为了人民、依靠人民、造福人民、保护人民。当前，一些损害群众利益、威胁群众生命财产安全的事件的发生，虽有种种原因，但法治精神不彰是一个重要原因。只有在法治精神引导下形成领导干部带头遵纪守法、依法办事，各级政府严格执法、秉公执法局面的同时，形成全民自觉守法、遇事找法、解决问题靠法的风气，形成守法光荣、违法可耻的氛围，才能出现人民安居乐业、幸福安康的和谐社会，全面建成小康社会的目标才能真正实现。

（三）实现党和国家长治久安必须弘扬社会主义法治精神

实施依法治国基本方略、建设社会主义法治国家，是党和国家长治久安的根本之策。实践证明，加快法治国家建设，既要注重法律制度建设，又要重视

更深层面即精神层面的建设，使法治内化为人们的自觉意识，使依法治国基本方略的实施获得强大的精神支撑。法律只有进入人的内心世界，被人们所信仰所信赖，法治才能有力量，法律才能有权威。

党的十八届四中全会《决定》指出："法律的权威源自人民的内心拥护和真诚信仰。人民权益要靠法律保障，法律权威要靠人民维护。"法治社会建设必须将法治理念和法治信仰内化于心，外化于行。因此，必须弘扬社会主义法治精神，建设社会主义法治文化，增强全社会厉行法治的积极性和主动性，形成守法光荣、违法可耻的社会氛围，使全体人民都成为社会主义法治的忠实崇尚者、自觉遵守者、坚定捍卫者。

第三节　在"四个全面"中全面推进依法治国

党的十八大以来，以习近平同志为核心的党中央从坚持和发展中国特色社会主义全局出发先后提出了全面建成小康社会、全面深化改革、全面依法治国、全面从严治党，形成了"四个全面"的重大战略思想和重要战略布局。这一伟大战略充分体现了以习近平同志为核心的党中央强烈的使命担当，坚定的理想信念，鲜明的创新精神，现代的法治理念，真挚的为民情怀，严格的治党要求。

一、"四个全面"的时代内涵

（一）全面建成小康社会

党的十六大提出全面建设小康社会的奋斗目标，党的十八大报告首次提出全面建成小康社会，党的十八届五中全会对"十三五"时期全面建成小康社会提出了新的目标要求：一是经济保持中高速增长，在提高发展平衡性、包容性、可持续性的基础上，到2020年国内生产总值和城乡居民人均收入比2010年翻一番；二是人民生活水平和质量普遍提高；三是国民素质和社会文明程度显著提高；四是生态环境质量总体改善；五是各方面制度更加成熟更加定型。

（二）全面深化改革

党的十八届三中全会提出了"全面深化改革"的新要求，通过了《中共中央关于全面深化改革若干重大问题的决定》。该《决定》紧紧围绕经济、政治、文化、社会、生态文明、党建等六大改革主线，涵盖15个领域、包括60个具体任务。《决定》指出，经济体制改革是全面深化改革的重点，核心问题是处理好政府和市场的关系，使市场在资源配置中起决定性作用和更好发挥政府作用。习近平总书记强调："全面深化改革的总目标，就是完善和发展中国特色社会主义制度、推进国家治理体系和治理能力现代化。"

（三）全面推进依法治国

习近平总书记强调，依法治国是坚持和发展中国特色社会主义的本质要求和重要保障。党的十八届四中全会通过的《中共中央关于全面推进依法治国若干重大问题的决定》指出，全面推进依法治国，总目标是建设中国特色社会主义法治体系，建设社会主义法治国家。这就是，在中国共产党领导下，坚持中国特色社会主义制度，贯彻中国特色社会主义法治理论，形成完备的法律规范体系、高效的法治实施体系、严密的法治监督体系、有力的法治保障体系，形成完善的党内法规体系，坚持依法治国、依法执政、依法行政共同推进，坚持法治国家、法治政府、法治社会一体建设，实现科学立法、严格执法、公正司法、全民守法，促进国家治理体系和治理能力现代化。

（四）全面从严治党

治国必先治党，治党务必从严。从严治党是中国共产党治党的重要原则，是改革开放和社会主义现代化建设条件下加强党的建设的基本方针和根本要求。全面从严治党的提出体现了党的建设理论创新与实践创新的一脉相承而又与时俱进。全面从严治党，就是要落实习近平总书记对从严治党提出的八点要求：一是落实从严治党责任；二是坚持思想建党和制度治党紧密结合；三是严肃党内政治生活；四是从严管理干部；五是持续深入改进作风；六是严明党的纪律；七是发挥人民监督作用；八是深入把握从严治党规律。从而实现党的自我净化、自我完善、自我革新、自我提高，保持和发展党的先进性和纯洁性。

"四个全面"战略布局，既有战略目标，也有战略举措，每一个"全面"都具有重大战略意义。全面建成小康社会是我们的战略目标，全面深化改革、全面依法治国、全面从严治党是三大战略举措。要把全面依法治国放在"四个全面"的战略布局中来把握，深刻认识全面依法治国同其他三个"全面"的关系，努力做到"四个全面"相辅相成、相互促进、相得益彰。

二、全面依法治国与"四个全面"的关系

古语云："奉法者强则国强，奉法者弱则国弱。""四个全面"战略布局是以习近平同志为核心的党中央，在新的历史起点上作出的总体规划和战略部署。从"四个全面"之间的逻辑关系来看，全面依法治国的具有以下重大理论意义：首先体现出法治保障的基础地位。全面建成小康社会、全面深化改革、全面从严治党同全面依法治国的内在关系，本质上是现代化与法治化、改革与法治、党和法的关系。没有法治的保障，其他三个"全面"就难以落实。其次体现出法治价值的定向作用。公平正义是社会主义的本质属性。法律是治国之重器，良法是善治之前提，保障和促进社会公平正义离不开社会主义法治建设。在"四个全面"总布局中全面推进依法治国，就是坚持走中国特色社会主义法治道路、建设中国特色社会主义法治体系、建设社会主义法治国家，实现科学立法、严格执法、公正司法、全民守法。

（一）全面依法治国是全面建成小康社会的必由之路

在"四个全面"战略布局中，全面依法治国是全面建成小康社会的内在要求和必由之路。当前，全面建成小康社会进入决定性阶段，改革发展进入攻坚期和深水区，经济发展进入新常态，我们党面对的改革发展稳定任务之重前所未有、矛盾风险挑战之多前所未有。为确保到2020年实现全面建成小康社会宏伟目标，全面建成小康社会与全面依法治国必须同步推进。而且，全面建成小康社会也是实现"两个一百年"奋斗目标的关键一步，我们要在13亿人口的大国实现社会主义现代化，就必须加快推进法治化，全面依法治国，建设法治中国。

（二）全面深化改革与全面依法治国互为动力、相辅相成

习近平总书记在其发表的2015年新年贺词中指出，要让全面深化改革、全面推进依法治国如鸟之两翼、车之双轮，推动全面建成小康社会的目标如期实现。因为两者互为动力、相辅相成。首先，改革必须于法有据。全面深化改革只有在法治的轨道上推进，才能保证改革航船不会偏离航道；其次，法律必须与时俱进。法治领域也是改革的重要方面，不适应时代要求的法律法规必须废止和修订。而且，法治还是国家治理体系和治理能力现代化的重要保障。中国特色社会主义法治体系作为国家治理体系的重要工程，其根本目标是不仅改革需要法治保障，改革的成果也需要以法律的形式固定下来。习近平总

书记在中央全面深化改革领导小组第二次会议上的讲话中强调，在整个改革过程中，都要高度重视运用法治思维和法治方式，发挥法治的引领和推动作用，加强对相关立法工作的协调，确保在法治轨道上推进改革。

（三）全面从严治党是全面依法治国的根本保证

全面从严治党必须坚持依法治国这个党领导人民治理国家和社会的基本方略。党和法的关系是一个根本问题。习近平总书记指出，党的领导和社会主义法治是一致的。首先，社会主义法治必须坚持党的领导。因为党的领导是中国特色社会主义最本质的特征，是社会主义法治最根本的保证，必须把党的领导贯穿到依法治国全过程。其次，党的领导必须依靠社会主义法治。也就是说，依法执政非常关键，从严治党才能保证依法执政。我们党依法执政，既要求依据宪法法律治国理政，也要求党依据党内法规管党治党。如“把权力关进制度的笼子里”，就是对全面从严治党最形象的诠释，也是对依法治国和从严治党关系最生动的表述。可见，只有全面从严治党才能保证全面依法治国目标的实现。

第四节　深入推进依法行政，加快建设法治政府

深入推进依法行政，加快建设法治政府，是全面推进依法治国基本方略的重要组成部分，是全面深化改革，建设中国特色社会主义法治体系，建设社会主义法治国家的必然要求，是全面建成小康社会、完善和发展中国特色社会主义制度、实现中华民族伟大复兴的中国梦的重要保障。因此，深入推进依法行政，加快建设法治政府，是依法治国的关键。

一、深入推进依法行政，加快法治政府建设的制度框架和标准

（一）党中央对深入推进依法行政、加快建设法治政府的部署及要求

党的十八届四中全会《决定》对“深入推进依法行政、加快建设法治政府”作出了战略部署，提出了法治政府建设的要求。即“各级政府必须坚持在党的领导下、在法治轨道上开展工作，创新执法体制，完善执法程序，推进综合执法，严格执法责任，建立权责统一、权威高效的依法行政体制，加快建设职能科学、权责法定、执法严明、公开公正、廉洁高效、守法诚信的法治政府”。党的十

八届五中全会通过的《中共中央关于制定国民经济和社会发展第十三个五年规划的建议》提出："加强法治政府建设，依法设定权力、行使权力、制约权力、监督权力，依法调控和治理经济，推行综合执法，实现政府活动全面纳入法治轨道。深化司法体制改革，尊重司法规律，促进司法公正，完善对权利的司法保障、对权力的司法监督。弘扬社会主义法治精神，增强全社会特别是公职人员尊法学法守法用法观念，在全社会形成良好法治氛围和法治习惯。"习近平总书记在庆祝全国人民代表大会成立60周年大会上的讲话中强调："要深入推进依法行政，加快建设法治政府。各级行政机关必须依法履行职责，坚持法定职责必须为、法无授权不可为，决不允许任何组织或者个人有超越法律的特权。"当前和今后一个时期，国家工作人员要认真学习贯彻党的十八届四中、五中全会和习近平总书记系列重要讲话精神，深入推进依法行政、加快建设法治政府，用法治思维和法治方式推动发展，为夺取全面建成小康社会决胜阶段的伟大胜利努力奋斗。

（二）建设法治政府的标准

（1）职能科学，是指政府职能的设定应正确处理三大关系：一是正确处理政府和市场的关系；二是正确处理政府和社会的关系；三是正确处理政府内部的关系。

（2）权责法定，是指用法律明确规定政府的职权和职责。权责法定的宗旨在于保障政府不越位、不错位、不缺位。

（3）执法严明，要求政府严格执法，对违反社会秩序、经济秩序和行政管理秩序的人和事应严肃查处，依法应监督检查的必须监督检查，依法应给予行政处罚的必须给予行政处罚，依法应采取行政强制措施的必须采取行政强制措施。

（4）公开公正，公开是法律对政府行政行为程序的要求，公开的宗旨首先在于保证行政相对人对政府行为的知情权，以保护公民、法人和其他组织的实体合法权益。同时，公开也是防止政府官员腐败、滥权的需要。公正主要是法律对政府行政行为实体的要求，政府实施行政行为不得偏私，不得歧视，不得同样情况不同对待，不同情况同样对待。

（5）廉洁高效，廉洁要求政府机关和政府官员行使职权不谋私利，不贪腐，干干净净做事，堂堂正正为官。高效要求政府机关和政府官员行使职权应遵守法定时限，积极履行法定职责，提高办事效率，提供优质服务，方便行政相对人。

(6)守法诚信，守法要求政府机关和政府官员不仅依法对相对人执法，而且应自己守法。诚信要求政府机关和政府官员行使职权遵守信赖保护原则，不得随意改变或撤销已作出的行为或承诺，不得反复无常。

二、法治政府建设的总体目标、基本原则和衡量标准

2015 年 12 月，党中央、国务院首次就法治政府建设联合发布《法治政府建设实施纲要(2015－2020 年)》(以下简称“纲要”)，纲要对法治政府建设作出了总体设计和全面规划，确定了法治政府建设的总蓝图和路线图、施工图。

纲要提出了法治政府建设的总体目标：到 2020 年基本建成职能科学、权责法定、执法严明、公开公正、廉洁高效、守法诚信的法治政府。

纲要提出了建设法治政府的基本原则：必须坚持中国共产党的领导，坚持人民主体地位，坚持法律面前人人平等，坚持依法治国和以德治国相结合，坚持从中国实际出发，坚持依宪施政、依法行政、简政放权，把政府工作全面纳入法治轨道，实行法治政府建设与创新政府、廉洁政府、服务型政府建设相结合。

纲要提出法治政府的衡量标准为：政府职能依法全面履行，依法行政制度体系完备，行政决策科学民主合法，宪法法律严格公正实施，行政权力规范透明运行，人民权益切实有效保障，依法行政能力普遍提高。

三、新时期法治政府建设的主要任务和具体措施

《法治政府建设实施纲要(2015－2020 年)》针对深入推进依法行政面临的突出问题，按照行政权运行的基本轨迹和依法行政的内在逻辑，提出了 7 个方面的主要任务，并明确了具体目标和措施。

(1)依法全面履行政府职能。目标是牢固树立创新、协调、绿色、开放、共享的发展理念，坚持政企分开、政资分开、政事分开、政社分开，简政放权、放管结合、优化服务，政府与市场、政府与社会的关系基本理顺，政府职能切实转变，宏观调控、市场监管、社会管理、公共服务、环境保护等职责依法全面履行。具体措施为：深化行政审批制度改革；大力推行权力清单、责任清单、负面清单制度并实行动态管理；优化政府组织结构；完善宏观调控；加强市场监管；创新社会治理；优化公共服务；强化生态环境保护。

(2)完善依法行政制度体系。目标是提高政府立法质量，构建系统完备、

科学规范、运行有效的依法行政制度体系,使政府管理各方面制度更加成熟更加定型,为建设社会主义市场经济、民主政治、先进文化、和谐社会、生态文明,促进人的全面发展,提供有力制度保障。具体措施为:完善政府立法体制机制;加强重点领域政府立法;提高政府立法公众参与度;加强规范性文件监督管理;建立行政法规、规章和规范性文件清理长效机制。

(3)推进行政决策科学化、民主化、法治化。目标是行政决策制度科学、程序正当、过程公开、责任明确,决策法定程序严格落实,决策质量显著提高,决策效率切实保证,违法决策、不当决策、拖延决策明显减少并得到及时纠正,行政决策公信力和执行力大幅提升。具体措施为:健全依法决策机制;增强公众参与实效;提高专家论证和风险评估质量;加强合法性审查;坚持集体讨论决定;严格决策责任追究。

(4)坚持严格规范公正文明执法。目标是权责统一、权威高效的行政执法体制建立健全,法律法规规章得到严格实施,各类违法行为得到及时查处和制裁,公民、法人和其他组织的合法权益得到切实保障,经济社会秩序得到有效维护,行政违法或不当行为明显减少,对行政执法的社会满意度显著提高。具体措施为:改革行政执法体制;完善行政执法程序;创新行政执法方式;全面落实行政执法责任制;健全行政执法人员管理制度;加强行政执法保障。

(5)强化对行政权力的制约和监督。目标是科学有效的行政权力运行制约和监督体系基本形成,惩治和预防腐败体系进一步健全,各方面监督形成合力,人民群众的知情权、参与权、表达权、监督权得到切实保障,损害公民、法人和其他组织合法权益的违法行政行为得到及时纠正,违法行政责任人依法依纪受到严肃追究。具体措施为:健全行政权力运行制约和监督体系;自觉接受党内监督、人大监督、民主监督、司法监督;加强行政监督和审计监督;完善社会监督和舆论监督机制;全面推进政务公开;完善纠错问责机制。

(6)依法有效化解社会矛盾纠纷。目标是公民、法人和其他组织的合法权益得到切实维护,公正、高效、便捷、成本低廉的多元化矛盾纠纷解决机制全面形成,行政机关在预防、解决行政争议和民事纠纷中的作用充分发挥,通过法定渠道解决矛盾纠纷的比率大幅提升。具体措施为:健全依法化解纠纷机制;加强行政复议工作;完善行政调解、行政裁决、仲裁制度;加强人民调解工作;改革信访工作制度。

(7)全面提高政府工作人员法治思维和依法行政能力。目标是政府工作人员特别是领导干部牢固树立宪法法律至上、法律面前人人平等、权由法定、权依法使等基本法治理念，恪守合法行政、合理行政、程序正当、高效便民、诚实守信、权责统一等依法行政基本要求，做尊法学法守法用法的模范，法治思维和依法行政能力明显提高，在法治轨道上全面推进政府各项工作。具体措施为：树立重视法治素养和法治能力的用人导向；加强对政府工作人员的法治教育培训；完善政府工作人员法治能力考查测试制度；注重通过法治实践提高政府工作人员法治思维和依法行政能力。

为了确保纲要得到有效贯彻落实，纲要强调各级政府及其部门要自觉接受党的领导，切实增强建设法治政府的使命感、紧迫感和责任感，加强组织领导，强化工作责任，一级抓一级，层层抓落实。各地区各部门在实施本纲要的过程中，要注意研究法治政府建设的新情况新问题，解放思想、大胆实践、开拓进取、久久为功，运用法治思维和法治方式引领改革发展破障闯关、推动民生改善和社会公正，以更加奋发有为的精神状态，推动法治政府建设一步一个脚印向前迈进，为全面推进依法治国、建设社会主义法治国家作出扎扎实实的贡献。

以案释法

依法治国与具有法治思维的基层干部

【案情介绍】2014年3月21日凌晨1时54分，山东省平度市凤台街道杜家疃村村民看守被征农田的帐篷起火，造成4名守地村民1人死亡，3人受伤。公安机关随后调查认定，这是一起人为纵火案。该案在当地公安机关的共同努力下，于3月25日成功告破。具体情况为，3月21日凌晨，李某、李某某、柴某某、刘某某4人受王某某指使（均为平度人），窜至现场纵火后逃跑。王某某则是受崔某某（贵和置业有限公司法人代表，系开元城御景二期工地承建商，时任吴家疃村村委会主任）和杜某某（杜家疃村主任）的指使实施犯罪。

“3·21”纵火案于2015年3月19日一审宣判。在一审宣判中，认定杜某某，时任杜家疃村村委会主任，犯放火罪，判处无期徒刑，剥夺政治权利终身；认定崔某某，时任吴家疃村村委会主任，犯放火罪，判处有期徒刑6年。

【案例评析】该案最令人震惊的，就是两名村主任居然一起共谋恐吓村民，指使社会人员进行纵火，导致一人死亡、三人受伤。导致这一惨剧的原因是多方面的。但村主任缺乏法治思维、不善于运用法治方式化解矛盾则是其中的一个关键原因。

当前，缺乏法治思维是不少基层领导干部都存在的一个普遍问题。因为，越到基层，资源越匮乏，老百姓改善自己生活条件的渴望越急切，政府所拥有的财力和人力也越有限。一旦出现矛盾冲突，各方都可能跳出法律的框架，采用各种非法手段来进行博弈。这也正如很多基层领导干部所感叹的，“合法的手段不管用，管用的手段不合法”。的确，现实矛盾是尖锐和复杂的。但如果基层领导干部主动运用非法手段解决问题，那将会给人民群众造成巨大的伤害，使基层治理离法治轨道越来越远。这样损害的就不仅是法律的尊严，是基层的稳定，更是人民群众对党和政府的信任。这一点在不少基层维稳事件中体现得非常明显。因此，要高度重视基层领导干部法治思维不足这一问题。

党的十八届四中全会作出了全面推进依法治国的重大决定。习近平总书记多次强调，法治是治国理政的基本方式，各级领导干部要提高运用法治思维和法治方式深化改革、推动发展、化解矛盾、维护稳定的能力。法治思维是指从客观公正的立场出发，依据法律来分析问题的一种思想活动。客观公正，强调的是目的和出发点问题。即不偏向问题的任何一方，不偏向自己的利益喜好、不偏向企业的发展需要、也不偏向于少数民众的过分诉求。依据法律，强调的是过程和方式问题。它要求在法治的轨道上思考解决问题，如保障个人自由、对弱者进行保护救济等，从而构造出一种较为文明的秩序。（来源：《法制日报》）

思考题

1. 中国特色社会主义法治体系与中国特色社会主义法律体系有哪些区别？

2. 全面依法治国与“四个全面”战略布局有着怎样的关系？

3. 新时期建设法治政府的主要任务有哪些？

第二章　完善国家工作人员学法用法制度

中组部、中宣部、司法部、人社部四部门2016年3月22日联合印发了2016年1月在中央全面深化改革领导小组第二十次会议上审议通过的《关于完善国家工作人员学法用法制度的意见》(以下简称《意见》)，对完善国家工作人员学法用法制度作出全面部署。《意见》全面贯彻党的十八大和十八届三中、四中、五中全会精神，深入贯彻习近平总书记系列重要讲话精神，是指导国家工作人员学法用法工作的纲领性文件。

第一节　完善国家工作人员学法用法制度的重大意义

《关于完善国家工作人员学法用法制度的意见》指出，国家工作人员学法用法是全面依法治国的基础性工作，是深入推进社会主义核心价值观建设的重要内容，是切实加强干部队伍建设的有效途径。四部门联合制定下发意见，进一步健全完善学法用法各项制度，大力推动国家工作人员带头尊法学法守法用法，切实提高运用法治思维和法治方式解决问题的能力，对于促进全社会树立法治意识、厉行法治，对于全面推进依法治国，具有重要意义。

一、制定出台《意见》的背景

党的十八大以来，习近平总书记多次对国家工作人员学法用法工作作出重要指示，强调要抓“关键少数”，要求领导干部要做尊法学法守法用法的模范。党的十八届四中全会明确提出要“坚持把领导干部带头学法、模范守法作为树立法治意识的关键，完善国家工作人员学法用法制度”。党的十八届五中全会明确要求“增强全社会特别是公职人员尊法学法守法用法观念”。这次制定出台《意见》，是全面贯彻党的十八大和十八届三中、四中、五中全会精神，深入贯彻习近平总书记系列重要讲话精神的重要举措；是在以往相关规定的基础上，总结提炼各地各部门开展国家工作人员学法用法的工作实践，根据全面依法治国和全面从严治党的新要求，对国家工作人员学法用法制度的健全和完善。对促使国家工作人员学法用法工作制度化、规范化和长效化，促使国家工作人员带头尊法学法守法用法，提高运用法治思维和法治方式解决问题的能力，促进全社会树立法治意识，建设社会主义法治国家具有重要意义。

二、完善国家工作人员学法用法制度的重要性

国家工作人员是“七五”普法的重点对象。作为中国特色社会主义事业的组织者和领导者，国家工作人员肩负着领导和管理国家各项事业的重要职责，在全面推进法治国家、法治政府和法治社会建设的新形势下，国家工作人员法律素质的高低直接关系到全面建成小康和法治中国目标的进程。进一步加强领导干部和以公务员为主体的国家工作人员学法用法工作，是深入推进社会主义核心价值观建设的重要内容，是全面实施依法治国基本方略、加快社会主义法治国家建设的重要保证，是实现依法执政、依法行政、公正司法、人人守法的重要途径，也是切实加强干部队伍建设的有效途径。

党中央、国务院历来高度重视国家工作人员学法用法工作。党的十八大以来，习近平总书记多次对国家工作人员学法用法工作作出重要指示、提出明确要求，为国家工作人员学法用法工作指明了方向。各地各部门认真贯彻落实中央决策部署，采取有力措施，大力推进国家工作人员学法用法工作，取得显著成效。国家工作人员的学法自觉性不断提高，法律意识和法治素养明显增强，依法决策、依法行政、依法管理的能力普遍提高，在推进国家法治建设中发挥了重要作用。但同时也要看到，与全面依法治国的新要求相比，国家工作人员在学法用法方面还存在一些问题。有的领导干部对国家工作人员学法用法重视不够，有的地方和部门学法用法制度不够健全，有的国家工作人员法治观念淡薄，有的甚至知法犯法、以言代法、以权压法、徇私枉法。各地各部门一定要从全面依法治国的战略高度，充分认识国家工作人员学法用法的重要性，进一步健全完善学法用法各项制度，大力推动国家工作人员带头尊法学法守法用法，切实提高运用法治思维和法治方式解决问题的能力，不断促进全社会树立法治意识、厉行法治，为建设社会主义法治国家作出应有贡献。

只有国家工作人员带头学习法律，做尊法、用法、守法、护法的表率，做到法律红线不触碰、法律底线不逾越，才能有效带动全民法治意识的增强，才能形成有利于积极引领经济发展新常态和协调推进“四个全面”战略布局的良好法治环境。

第二节　国家工作人员学法用法的指导思想和主要内容

《关于完善国家工作人员学法用法制度的意见》明确提出了国家工作人员学法用法的指导思想，并从 5 个方面提出了国家工作人员学法用法的主要内容和基本要求。

一、指导思想

《意见》强调，要全面贯彻党的十八大和十八届三中、四中、五中全会精神，坚持以马克思列宁主义、毛泽东思想、邓小平理论、“三个代表”重要思想、科学发展观为指导，深入学习贯彻习近平总书记系列重要讲话精神，贯彻落实中央关于法治宣传教育工作的决策部署，适应全面依法治国和全面从严治党的新要求，坚持学法用法相结合，进一步完善国家工作人员学法用法各项制度，健全考核评估机制，创新工作方式方法，不断推进国家工作人员学法用法工作持续深入开展，努力提高国家工作人员法治素养，增强运用法治思维和法治方式推动发展的能力水平，充分发挥在建设社会主义法治国家中的重要作用，为全面建成小康社会和实现“两个一百年”奋斗目标，实现中华民族伟大复兴的中国梦创造良好的法治环境。

二、主要内容

《意见》指出，国家工作人员学法用法要紧密结合实际，认真学习以宪法为核心的各项法律法规，牢固树立社会主义法治理念，努力提高法治素养，不断增强在法治轨道上深化改革、推动发展、化解矛盾、维护稳定的能力。各级领导干部要做尊法学法守法用法的模范，带头学习宪法和法律，带头厉行法治、依法办事。党员干部要深入学习党章和党内法规，尊崇党章，增强党章党规党纪意识，做党章党规党纪和国家法律的自觉尊崇者、模范遵守者、坚定捍卫者。

（1）突出学习宪法。坚持把学习宪法放在首位，深入学习宪法确立的基本原则、国家的根本制度和根本任务、国体和政体、公民的基本权利和义务等内容，培养宪法意识，树立宪法至上理念，自觉遵守宪法，维护宪法实施。

（2）学习国家基本法律。认真学习宪法相关法、民法商法、行政法、经济法、社会法、刑法、诉讼与非诉讼程序法、国防法以及国际法等方面的法律，认真学习党的十八大以来制定修改的法律，努力掌握法律基本知识，不断提高法律素养。

（3）学习与经济社会发展和人民生产生活密切相关的法律法规。认真学习社会主义市场经济法律法规、文化建设法律法规、生态环境保护法律法规，以及教育、就业、收入分配、社会保障、医疗卫生等保障和改善民生方面的法律法规，不断提高运用法律手段管理经济社会事务的水平。

（4）学习与履行岗位职责密切相关的法律法规。坚持干什么学什么、缺什么补什么，有针对性地加强与履职相关法律知识的学习，切实提高依法办事能力。

（5）深入推进法治实践。坚持与法治实践相结合，把法治实践成效作为检验国家工作人员学法用法工作的重要标准，积极推进国家工作人员结合岗位需求开展用法活动，严格按照法律规定履行职责，不断提高社会治理法治化水平。

第三节　推动国家工作人员学法用法的措施

《关于完善国家工作人员学法用法制度的意见》提出了 6 个方面的重点措施完善制度，具体内容如下。

一、健全完善党委（党组）中心组学法制度

坚持领导干部带头尊法学法，把宪法法律和党内法规列入各级党委（党组）中心组年度学习计划，组织开展集体学法。党委（党组）书记认真履行第一责任人职责，带头讲法治课，做学法表率。坚持重大决策前专题学法，凡是涉及经济发展、社会稳定和人民群众切身利益等重大问题，决策前应先行学习相关法律法规。逐步建立和完善领导干部学法考勤、学法档案、学法情况通报等制度，把领导干部学法各项要求落到实处。

二、健全完善日常学法制度

结合国家工作人员岗位需要，推动学法经常化。坚持以自学为主的方法，

联系实际制定学习计划，明确学习任务，保证学习时间和效果。定期组织法治讲座、法治论坛、法治研讨等，利用国家宪法日、宪法宣誓、法律颁布实施纪念日等开展学法活动，推动经常性学法不断深入。依托全国党员干部现代远程教育系统、各级政府网站、专门普法网等资源，建设网络学法学校、网络学法课堂，搭建和完善学法平台。注重微博、微信、微视、移动客户端等新技术在学法中的运用，组织开展以案释法、旁听庭审、警示教育等，不断拓宽学法渠道，推进学法形式创新。

三、加强法治培训

把法治教育纳入干部教育培训总体规划，明确法治教育的内容和要求。把宪法法律列为各级党校、行政学院、干部学院、社会主义学院和其他相关培训机构的培训必修课，进一步加强法治课程体系建设，不断提高法治教育的系统性和实效性。把法治教育纳入国家工作人员入职培训、晋职培训的必训内容，确保法治培训课时数量和培训质量。根据实际需要组织开展专题法治培训，加大各类在职业务培训中法治内容的比重。在组织调训中增加设置法治类课程，明确法治类课程的最低课时要求。

四、坚持依法决策

严格遵守宪法和法律规定决策，做到法定职责必须为、法无授权不可为。落实重大决策合法性审查机制，对重大事项的决策权限、内容和程序等进行合法性审查，未经合法性审查或经审查不合法的，不得提交讨论。积极推进政府法律顾问制度，为政府重大决策提供法律意见，预防和减少违法决策行为的发生。各级党政机关和人民团体要普遍设立公职律师，参与决策论证，提高决策质量。推动在国有企业设立公司律师，防范经营风险，实现国有资产保值增值。落实重大决策终身责任追究制度及责任倒查机制，对于违法决策以及滥用职权、怠于履职造成重大损失、恶劣影响的，都要严格依法追究法律责任。

五、严格依法履职

牢固树立权由法定、权依法使等基本法治观念，严格按照法律规定和法定程序履行职责，把学到的法律知识转化为依法办事的能力。严格实行执法人员持证上岗和资格管理制度，未取得执法资格的，不得从事执法活动。严格执行重大执法决定法制审核制度,对重大执法决定未经法制审核或者审核未通过的,不得作出决定。落实信息公开制度,依法公开职责权限、法律依据、实施主体、流程进度、办理结果等事项,自觉接受社会各方面监督。落实执法案卷评查、案件质量跟踪评判工作,努力提高执法质量和执法水平。执法、司法机关领导干部要以更高的标准和要求学法用法,忠于法律、捍卫法治。落实执法责任制,严格责任追究。

六、完善考核评估机制

加强国家工作人员录用、招聘中法律知识的考察测试,增加公务员录用考试中法律知识的比重。定期组织开展国家工作人员法律考试,健全完善国家工作人员任职法律考试制度,推动以考促学、以考促用。对拟从事行政执法人员组织专门的法律考试,经考试合格方可授予行政执法资格。把学法用法情况列入公务员年度考核重要内容。领导班子和领导干部在年度考核述职中要围绕法治学习情况、重大事项依法决策情况、依法履职情况等进行述法。把法治观念、法治素养作为干部德才的重要内容,把能不能遵守法律、依法办事作为考察干部的重要依据。探索建立领导干部法治素养和法治能力测评指标体系,将测评结果作为提拔使用的重要参考。把国家工作人员学法用法情况纳入精神文明创建内容,列入法治城市、法治县(市、区)创建考核指标,增加考核的分值权重。

《意见》强调,各地各部门要把国家工作人员学法用法摆在重要位置,作为一项长期性、经常性工作来抓,推动学法用法向纵深发展。要在党委的统一领导下,明确职责分工,加强协调配合,完善国家工作人员学法用法工作机制,进一步形成各司其职、各负其责、齐抓共管的工作格局。

思考题

1. 为什么要制定出台《关于完善国家工作人员学法用法制度的意见》?

2. 国家工作人员学法用法应重点学习哪些内容?

3. 为什么强调国家工作人员要学习党内法规?

第二篇　突出学习宪法，培养宪法意识

第三章　宪　法

宪法是国家的根本法，是治国安邦的总章程，具有最高的法律地位、法律权威、法律效力，具有根本性、全局性、稳定性、长期性。在国家的法律体系中，宪法处于核心和主导地位，是国家所有法律的立法依据。宪法不仅规定了国家性质和基本社会制度，还规定了公民的基本权利和义务，同时也规定了国家机构组织和活动的基本原则。

第一节　宪法概述

一、宪法的本质

党的十八届四中全会《决定》指出，宪法是党和人民意志的集中体现，是通过科学民主程序形成的根本法。宪法作为国家的根本大法，规定了国家各项基本制度和根本任务，规定国家机关的组织与活动的基本原则，规定了公民基本权利和义务。它集中反映掌握国家政权的统治阶级的意志和根本利益，是维护和巩固统治阶级专政的重要工具。宪法在国家的整个法律体系中居于主导地位，具有最高的法律权威和最高的法律效力，既是国家治国安邦的总章程，也是公民立身行事的总依据。在本质上，它是国家的根本法，是阶级力量对比关系的集中体现，是民主制度的法律化，是实现阶级统治的重要工具。习近平总书记在首个国家宪法日之际作出重要指示强调："我国宪法是符合国情、符合实际、符合时代发展要求的好宪法，是我们国家和人民经受住各种困难和风险考验、始终沿着中国特色社会主义道路前进的根本法制保证。坚持依法治国首先要坚持依宪治国，坚持依法执政首先要坚持依宪执政。"

二、宪法的基本特征

宪法具有以下三个基本特征：

(1)在内容上，宪法规定国家生活中最根本最重要的方面。普通法律作为部门法，调整的只是国家生活中某一方面的社会关系，而作为根本法的宪法，它规定的是国家政治生活和社会生活中最根本、最重要的问题。

(2)在法律效力上，宪法的法律效力最高。由于宪法是国家的根本法，宪法所具有的就不仅是一般的法律效力，而是最高的法律效力。其法律效力的最高性表现在：①宪法是制定普通法律的依据和基础；②普通法律不得与宪法相抵触；③宪法是一切组织或者个人的根本活动准则。

(3)在制定和修改的程序上，宪法比其他法律更为严格。由于宪法是国家的根本法，具有最高的法律效力，为了体现宪法的严肃性，保持宪法的稳定性和连续性，多数国家对宪法的制定和修改都规定了不同于普通立法的特别程序。

三、我国宪法的基本原则

宪法的基本原则是指在制定和实施宪法过程中必须遵循的最基本的准则，是贯穿立宪和行宪的基本精神。我国宪法的基本原则主要有：

(1)一切权力属于人民原则。这一原则的核心就是指国家主权这一最高权力来源于人民，同时永远属于人民，人民有权参与国家事务的管理。我国《宪法》第 2 条规定："中华人民共和国的一切权力属于人民。人民行使国家权力的机关是全国人民代表大会和地方各级人民代表大会。人民依照法律规定，通过各种途径和形式，管理国家事务，管理经济和文化事业，管理社会事务。"

(2)基本人权原则。我国政权的本质特征就是人民当家作主,而公民基本权利和自由则是人民当家作主最直接的表现,因此,我国宪法第二章"公民的基本权利和义务"专章规定和列举了公民的基本权利和自由,体现了对公民的宪法保护,也体现了对人民当家作主的保护。

(3)民主集中制的原则。民主集中制原则是社会主义国家制度的一项基本原则,它是民主与集中相结合的制度,具体是指在民主基础上的集中和在集中指导下的民主。我国的国家机构实行民主集中制的原则,而不搞西方资本主义国家的"三权分立"。我国《宪法》第3条规定:"中华人民共和国的国家机构实行民主集中制的原则。"

(4)法治原则。法治是相对于人治而言的政府治理形式,是指按照民主原则把国家事务法律化、制度化,并依法进行管理的一种方式,其核心思想在于依法治理国家,法律面前人人平等,反对任何组织和个人享有法律之外的特权。制定和实施宪法本身就是国家实行法治的标志。我国《宪法》第5条明确规定:"中华人民共和国实行依法治国,建设社会主义法治国家。"

第二节　国家的基本制度

一、我国的国体

国体即国家的阶级本质,它是由社会各阶级、阶层在国家中的地位所反映出来的国家的根本属性。它包括两个方面:一是各阶级、各阶层在国家中所处的统治与被统治地位;二是各阶级、阶层在统治集团内部所处的领导与被领导地位。

我国是人民民主专政的社会主义国家。我国《宪法》第1条规定:"中华人民共和国是工人阶级领导的、以工农联盟为基础的人民民主专政的社会主义国家。"这是宪法对我国的国家阶级性质的规定,亦即对我国国体的明确规定。

我国的国家性质包含以下基本点:(1)人民民主专政实质上是无产阶级专政;(2)人民民主专政必须以工人阶级为领导、以工农联盟为基础;(3)人民民主专政是最大多数人的民主;(4)人民民主专政是民主与专政的结合;(5)在人民民主专政国家政权内部,建立了极其广泛的爱国统一战线,形成了中国共产党领导的多党合作和政治协商制度。

二、我国的政体

政体又称政权组织形式，是指统治阶级按照一定的原则组成的，代表国家行使权力以实现统治阶级任务的国家政权机关的组织体制。政体是国家制度的重要组成部分，是国家的主要外在表现形态。

我国的政体是人民代表大会制度。人民代表大会制度是指拥有国家权力的我国人民根据民主集中制原则，通过民主选举组成全国人民代表大会和地方各级人民代表大会，并以人民代表大会为基础，建立全部国家机构，人大代表对人民负责，受人民监督，以实现人民当家作主的政治制度。人民代表大会制度直接地、全面地表现了我国的阶级本质，是我国国家机构得以建立、健全和国家政治生活得以全面开展的基础，是其他政治制度的核心，而且反映了我国政治生活的全貌。(1)从人民代表大会的组成来说，各级人民代表大会都由人民代表组成，而人民代表又是由人民通过民主选举方式选举产生的。(2)从人民代表大会的职权来说，人民代表大会代表人民行使国家权力。全国人民代表大会对国家的一切重大事务享有最高决定权。凡属应当由最高国家权力机关行使的职权，它都有权行使。地方各级人民代表大会有权在宪法和法律规定的职权范围内决定本地区的重大事务。(3)从人民代表大会的责任来说，它要向人民负责，接受人民的监督。各级人大代表在整个任期之内和行使职权的过程中，始终要同选民和选举单位保持密切联系，选民或选举单位有权依照法律规定的程序罢免由他们选出的代表。

三、我国的基本经济制度

我国《宪法》第6条规定："中华人民共和国的社会主义经济制度的基础是生产资料的社会主义公有制，即全民所有制和劳动群众集体所有制。国家在社会主义初级阶段，坚持公有制为主体、多种所有制经济共同发展的基本经济制度，坚持按劳分配为主体、多种分配方式并存的分配制度。"

（一）社会主义公有制经济为主体

社会主义公有制经济不但包括国有经济和集体经济，还包括混合所有制经济中的国有成分和集体成分。公有制的主体地位主要体现在：公有资产在社会总资产中占优势；国有经济控制国民经济命脉，对经济发展起主导作用。

公有制实现形式可以而且应当多样化。一切反映社会化生产规律的经营方式和组织形式都可以大胆利用。

国有经济，即社会主义国家所有制经济，它是我国公有制经济的主体。集体经济，即由集体单位内的劳动群众共同占有生产资料的一种所有制经济，它是公有制经济的重要组成部分。

(二)非公有制经济是社会主义市场经济的重要组成部分

非公有制经济包括个体经济、私营经济和外商投资经济。它是我国社会主义市场经济的重要组成部分。国家对个体经济、私营经济和外商投资经济采取鼓励、支持和引导的政策，同时健全财产法律制度，依法保护他们的合法利益和公平竞争，并加强对它们的监督和管理，保障他们的健康发展，发挥他们满足人们多样化需要、增加就业和促进国民经济发展的作用。

(三)按劳分配为主体、多种分配方式并存的分配制度

所谓“按劳分配”，是指由代表人民的国家或集体经济组织按照每个公民劳动的数量和质量分配给公民应得的生活资料。按劳分配原则是建立在生产资料公有制基础上的社会主义分配原则。我国目前实行的是按劳分配为主体、多种分配方式并存的制度。把按劳分配与按生产要素分配结合起来，坚持效率优先、兼顾公平，有利于优化资源配置，促进经济发展，保持社会稳定。国家依法保护合法收入，同时，国家允许和鼓励资本、技术等生产要素参与收益分配。取缔非法收入，对侵吞公有制财产和用偷税逃税、权钱交易等非法手段牟取利益的，坚决依法惩处。整顿不合理收入，对凭借行业垄断和某些特殊条件获得个人额外收入的，予以纠正。调节过高收入，完善个人所得税制，使收入差距趋向合理，防止两极分化。

四、选举制度

我国的选举制度是人民代表大会制度的重要组成部分。它是选举全国人民代表大会和地方各级人民代表大会代表的原则、程序以及方式、方法的总称。其内容由选举法和其他有关选举的规范性文件做出规定。

根据宪法和选举法的规定，我国的选举制度有以下基本原则：(1)选举权的普遍性原则；(2)选举权的平等性原则；(3)直接选举和间接选举并用的原则；(4)秘密投票原则。

五、民族区域自治制度

民族区域自治制度就是在统一的祖国大家庭里，在国家的统一领导下，以少数民族聚居的地区为基础，设立自治机关，行使自治权，自主地管理本民族、本地区的内部事务，行使当家作主的权利。民族区域自治制度是我国的基本政治制度之一，是建设中国特色社会主义政治的重要内容。

我国的民族区域自治制度有两个显著特点：(1)民族区域自治，是在国家统一领导下的自治，各民族自治地方都是中国不可分离的一部分，各民族自治机关都是中央政府领导下的一级地方政权，都必须服从中央统一领导。(2)民族区域自治，不只是单纯的民族自治或地方自治，而是民族因素与区域因素的结合，是政治因素和经济因素的结合。

六、特别行政区制度

特别行政区是指在我国版图内，根据我国宪法和法律的规定专门设立的具有特殊的法律地位，实行特别的社会、经济制度，直辖于中央人民政府的行政区域。

我国《宪法》第 31 条规定："国家在必要时得设立特别行政区。在特别行政区内实行的制度按照具体情况由全国人民代表大会以法律规定。"

我国分别于 1997 年 7 月 1 日、1999 年 12 月 20 日恢复对香港、澳门行使主权，设立了香港特别行政区政府和澳门特别行政区政府。

七、基层群众自治制度

基层群众自治制度，是依照宪法和法律，由居民(村民)选举的成员组成居民(村民)委员会，实行自我管理，自我教育，自我服务，自我监督的制度。我国《宪法》第 111 条规定："城市和农村按居民居住地区设立的居民委员会或者村民委员会是基层群众性自治组织。居民委员会、村民委员会的主任、副主任和委员由居民选举。居民委员会、村民委员会同基层政权的相互关系由法律规定。居民委员会、村民委员会设人民调解、治安保卫、公共卫生等委员会，办理本居住地区的公共事务和公益事业，调解民间纠纷，协助维护社会治安，并且向人民政府反映群众的意见、要求和提出建议。"

第三节　公民的基本权利和基本义务

一、公民的含义

公民，是指具有一国国籍并根据该国宪法和法律，享有权利承担义务的人。

国籍是确定中国公民资格的唯一条件。外国人或无国籍人申请加入中国国籍须具备下列条件之一：中国人的近亲属；定居在中国；有其他正当理由。我国不承认双重国籍，加入中国国籍，不再保留外国国籍；加入或取得外国国籍，自动丧失中国国籍。

二、我国公民的基本权利

公民的基本权利，就是国家通过宪法和法律所保障的，公民实现某种愿望或获得某种利益的可能性。我国《宪法》规定，我国公民享有以下基本权利：

(1)平等权。中华人民共和国公民在法律面前一律平等。

(2)政治权利。包括：选举权和被选举权；言论、出版、集会、结社、游行、示威的自由。

(3)宗教信仰的自由权。

(4)人身与人格权。包括人身自由不受侵犯，人格尊严不受侵犯，住宅不受侵犯，通信自由和通信秘密受法律保护。

(5)监督权。包括对国家机关及其工作人员有批评、建议、申诉、控告、检举并依法取得赔偿的权利。

(6)社会经济权利。包括劳动权利，劳动者休息权利，退休人员生活保障权利，因年老、疾病、残疾或丧失劳动能力时从国家和社会获得社会保障与物质帮助的权利。

(7)社会文化权利和自由。包括受教育权利，进行科研、文艺创作和其他文化活动的自由。

(8)妇女保护权。包括妇女在政治、经济、文化、社会和家庭生活等方面享有同男子同等的权利。

(9)婚姻、家庭、母亲和儿童受国家保护。

(10)华侨、归侨和侨眷的正当权利和利益受国家保护。

三、我国公民的基本义务

公民基本义务，是指宪法规定的公民必须履行的法律责任。公民的基本义务决定着公民在国家生活中的政治和法律地位，体现了国家利益、集体利益和个人利益的结合，体现了权利和义务的一致性。依据《宪法》规定，我国公民有以下基本义务：

(1)维护国家统一和全国各民族团结的义务。作为一个公民首先必须自觉维护国家的统一和各民族的团结。

(2)遵守宪法和法律，保守国家秘密，爱护公共财产，遵守劳动纪律，遵守公共秩序，尊重社会公德的义务。

(3)维护祖国的安全、荣誉和利益的义务，不得有危害祖国的安全、荣誉和利益的行为。

(4)保卫祖国，依法服兵役和参加民兵组织的义务。

(5)依法纳税的义务。税收是国民收入的重要来源，依法纳税对于增加国家财政收入，保证国家经济建设资金的需要以及改善和提高人民的生活水平都具有重要意义。

(6)其他义务。公民还有劳动的义务；受教育的义务；夫妻双方有实行计划生育的义务；父母有抚养教育未成年子女的义务；成年子女有赡养扶助父母的义务。

以案释法

公民享有权利同履行义务是统一的

【案情介绍】 陈成(化名)、陈莹(化名)系双胞胎兄妹，出生后不久，父母离异，他们和母亲生活。在陈成、陈莹 11 岁的时候，母亲不幸去世。为了生活，他们只好回到父亲身边，但父亲却视他俩为包袱，经常打骂，不给饭吃，不让回家。兄妹俩不堪父亲的虐待，经常不回家，父亲不但不把孩子找回来，索性把家门锁上，永远不让孩子回来。兄妹俩有家不能归，无奈便离家出走，靠乞讨和捡破烂为生。现在陈成兄妹长大成人，他们靠劳动致富，不仅盖上了新房，而且还买来了高档家电和家具，日子过得很富裕。陈成父亲见子女日子过得挺红火，就要求陈成兄妹俩每月付800元赡养费，并说，如果不给，就到法院告他们虐待老人。

【案例评析】"每个公民在依法有享有权利的同时，必须自觉履行义务"，是说公民在行使权利的同时，必须履行相应的义务，不允许只享有权利不履行义务，也不允许先享有权利，再履行义务，权利和义务是一致的，这是正确处理权利义务关系的根本指导原则。只讲权利，不尽义务或只尽义务都是不正确的，即便在婚姻家庭关系中，也不能废除这样的原则。陈成的父亲在子女幼小，需要抚养教育，而他又有抚养能力的情况下，本应依法履行抚养义务。但陈父嫌弃子女，经常打骂，逼迫子女离家出走，沿街行乞。这种行为不仅应受到道德的谴责，而且应受到法律的制裁。陈父自己有抚养子女的能力，而故意不履行抚养子女的法律义务，却要求子女付给他赡养费。这种要求不符合权利义务一致性的原则，也不符合我国婚姻法的立法精神。因而从法律权利义务一致的角度看，兄妹俩不应该支付赡养费。如果出于道义给父亲一些生活费，那也只是道德问题，不属于法定义务。

第四节　我国国家机构的设置

一、国家机构的含义

国家机构是国家为实现其职能而建立起来的国家机关的总和。以行使权力的属性来看，我国的国家机构分为国家权力机关、国家元首、国家行政机关、国家军事机关、国家审判机关和国家检察机关。

二、我国国家机构的设置

全国人民代表大会是我国最高国家权力机关，全国人大及其常委会行使立法权、决定权、任免权和监督权。

国家主席是我国最高国家权力机关的重要组成部分。在我国，国家主席不单独决定国家重大事务，而是根据全国人民代表大会及其常务委员会的决定行使国家元首的职权，包括颁布法律权、发布命令权、任免权、荣誉授予权、外事权等。

国务院，即中央人民政府，是最高国家权力机关的执行机关，是最高国家行政机关。

中央军事委员会是中国共产党领导下的最高军事领导机构。其主要职能是:直接领导全国武装力量。其组成人员由中国共产党中央委员会决定。中央军事委员会主席对全国人民代表大会和全国人民代表大会常务委员会负责。

最高人民法院是最高国家审判机关。人民法院是国家审判机关，属于司法机关体系。人民法院独立行使审判权，行政机关、社会团体和个人均不得干涉。人民法院的领导体制是上级人民法院监督下级人民法院，地方各级人民法院对产生它的国家权力机关负责。

最高人民检察院是最高国家检察机关。人民检察院是国家法律监督机关。人民检察院独立行使检察权，行政机关、社会团体和个人均不得干涉。人民检察院的领导体制是上级人民检察院领导下级人民检察院，地方各级人民检察机关对它的国家权力机关和上级人民检察机关负责。

第五节　国家宪法日和宪法宣誓制度

一、国家宪法日

（一）国家宪法日的设立

党的十八届四中全会提出了坚持依法治国首先要坚持依宪治国的要求，全国人大便拟以立法形式设立国家宪法日。2014 年 11 月 1 日，第十二届全国人民代表大会常务委员会第十一次会议通过了《全国人民代表大会常务委员会关于设立国家宪法日的决定》，将 12 月 4 日设立为国家宪法日。

（二）设立国家宪法日的意义

设立国家宪法日，传递的是依宪治国、依宪执政的理念。其根本目的是为了增强全社会的宪法意识，弘扬宪法精神，加强宪法实施，全面推进依法治国。设立国家宪法日，不仅是增加一个纪念日，更要使这一天成为全民的宪法"教育日、普及日、深化日"，形成举国上下尊重宪法、宪法至上、用宪法维护人民权益的社会氛围。具体说来，设立国家宪法日的法治意义主要体现在以下几个方面：一是唤醒法治政府、依法行政的意识；二是唤醒广大公众善于监督、敢于监督的法治意识；三是可以给广大公众上一堂生动而必要的宪法课。

二、宪法宣誓制度

（一）宪法宣誓制度的确立

2015年7月1日，十二届全国人大常委会第十五次会议表决通过了《全国人大常委会关于实行宪法宣誓制度的决定》，本决定自2016年1月1日起施行，这标志着中国以立法形式正式规定实行宪法宣誓制度。该《决定》指出，宪法是国家的根本法，是治国安邦的总章程，具有最高的法律地位、法律权威、法律效力。国家工作人员必须树立宪法意识，恪守宪法原则，弘扬宪法精神，履行宪法使命。

（二）宪法宣誓制度的适用范围

关于宪法宣誓制度的适用范围，《决定》指出，各级人民代表大会及县级以上各级人民代表大会常务委员会选举或者决定任命的国家工作人员，以及各级人民政府、人民法院、人民检察院任命的国家工作人员，在就职时应当公开进行宪法宣誓。

根据《决定》，全国人民代表大会选举或者决定任命的中华人民共和国主席、副主席，全国人大常委会委员长、副委员长、秘书长、委员，国务院总理、副总理、国务委员、各部部长等，在依照法定程序产生后，进行宪法宣誓。宣誓仪式由全国人民代表大会会议主席团组织。

（三）宪法宣誓誓词

《决定》提出的宣誓誓词为："我宣誓：忠于中华人民共和国宪法，维护宪法权威，履行法定职责，忠于祖国、忠于人民，恪尽职守、廉洁奉公，接受人民监督，为建设富强、民主、文明、和谐的社会主义国家努力奋斗！"

自2016年1月1日起，从国家主席、国务院总理，到基层国家工作人员，就职时都要宣读这段70字的誓词。

思考题

1. 为什么说宪法是我国的根本大法？

2. 为什么说人民代表大会制度是我国实现社会主义民主的基本形式？

第四章 立法法和选举法

党的十八届四中全会《决定》指出:“法律是治国之重器,良法是善治之前提。”立法法是关于国家立法制度的重要法律,被称为“管法的法”。立法法自2000年颁布施行以来,对规范立法活动,推动形成和完善中国特色社会主义法律体系,推进社会主义法治建设,发挥了重要作用。实践证明,立法法确立的立法制度总体是符合国情、行之有效的。

第一节 立法法

在我国,立法是指由特定主体,依据一定职权和程序,运用一定技术,制定、认可和变动法这种特定社会规范的活动。

我国立法包括全国人大及其常委会立法、国务院及其部门立法、一般地方立法、民族自治地方立法、经济特区和特别行政区立法。

一、全国人大立法

全国人民代表大会立法是我国最高国家权力机关,依法制定和变动效力可以及于中国全部主权范围的规范性法律文件活动的总称。

全国人大立法是我国的国家立法,是我国的中央立法的首要组成部分。它在中国立法体制中,以具有最高性、根本性、完整性和独立性为其显著特征。我国是实行国家一切权力属于人民的国度,人民行使国家权力的最高机关是全国人大,因此,全国人大的国家立法理所当然应当是最高立法。同时,一国的立法权是个综合性权力体系,这个体系由不同层次、不同类别的立法权所构成,它们无疑有地位高低的区分、完整性程度和独立性程度的区别,在我国这个宪法上规定一切权力属于人民的国家,全国人大的立法权在整个立法权体系中居于最高地位,最具完整性和独立性。

二、全国人大常委会立法

全国人大常委会立法是我国最高国家权力机关的常设机关,依法制定和变动效力可以及于全国的规范性法律文件活动的总称。

全国人大常委会立法与全国人大立法共同构成我国国家立法的整体,是我国中央立法的非常重要的方面。它在我国立法体制中,以地位高、范围广、任务重、经常化和具有相当完整性、独立性为其主要特征。

三、国务院立法

国务院立法是我国最高国家行政机关即中央政府,依法制定和变动行政法规并参与国家立法活动以及从事其他立法活动的总称。

国务院立法主要有以下特征:第一,国务院立法兼具从属性和主导性。第二,国务院立法范围尤广、任务尤重。第三,国务院立法具有多样性、先行性和受制性。

四、地方立法

地方立法指特定的地方国家政权机关,依法制定和变动效力不超出本行政区域范围的规范性法律文件活动的总称。这里所说的特定的地方国家政权机关,在我国现阶段,指宪法和立法法确定的可以制定规范性法律文件的地方国家机关,以及根据授权可以立法的地方国家机关。

地方立法主要有以下特征:第一,地方立法具有地方性。第二,地方立法更具复杂性。第三,地方立法具有从属与自主两重性。第四,城市立法在地方立法中逐渐占据重要位置。

以案释法

公民有权对违宪法律法规提出审查建议

【案情介绍】2003 年 5 月 14 日,一份名为“关于审查《城市流浪乞讨人员收容遣送办法》的建议书”,传真至全国人大常委会法制工作委员会。这个建议的提交者是华中科技大学的俞江、中国政法大学的腾彪和北京邮电大学的许志永三位法学博士。在建议中，三位博士认为，国务院1982年颁布的《城市流浪乞讨人员收容遣送办法》，与中国宪法和有关法律相抵触。因此，作为中华人民共和国公民，他们建议全国人大常委会审查《城市流浪乞讨人员收容遣送办法》。（来源：《中国青年报》）

【案例评析】根据《立法法》第90条（修改后第99条）的规定，国务院、中央军事委员会、最高人民法院、最高人民检察院和各省、自治区、直辖市的人民代表大会常务委员会认为行政法规、地方性法规、自治条例和单行条例同宪法或者法律相抵触的，可以向全国人民代表大会常务委员会书面提出进行审查的要求，由常务委员会工作机构分送有关的专门委员会进行审查、提出意见。前款规定以外的其他国家机关和社会团体、企业事业组织以及公民认为行政法规、地方性法规、自治条例和单行条例同宪法或者法律相抵触的，可以向全国人民代表大会常务委员会书面提出进行审查的建议，由常务委员会工作机构进行研究，必要时，送有关的专门委员会进行审查、提出意见。本案中，对国务院1982年颁布的《城市流浪乞讨人员收容遣送办法》的审查，三博士是以普通公民的身份，向全国人大常委会提出审查意见的，是完全符合我国有关行政法规监督的法律程序的。

第二节　选举法

一、选举概述

1979年7月1日第五届全国人民代表大会第二次会议通过了《中华人民共和国全国人民代表大会和地方各级人民代表大会选举法》，对各级人大代表的选举资格、程序、机构等做了规定。2015年8月29日第十二届全国人民代表大会常务委员会第十六次会议对其作了第六次修正。

二、选举机构

（一）县级以下（含县级）人民代表大会的选举机构

县级以下（含县级）人民代表大会的代表由选民直接选举产生。不设区的市、市辖区、县、自治县、乡、民族乡、镇设立选举委员会,主持本级人民代表大会代表的选举。不设区的市、市辖区、县、自治县的选举委员会受本级人民代表大会常务委员会的领导。乡、民族乡、镇的选举委员会受不设区的市、市辖区、县、自治县的人民代表大会常务委员会的领导。

(二)县级以上人民代表大会的选举机构

县级以上各级人民代表大会代表由下级人民代表大会选举产生。全国人民代表大会常务委员会主持全国人民代表大会代表的选举。省、自治区、直辖市、设区的市、自治州的人民代表大会常务委员会主持本级人民代表大会代表的选举。

(三)选举委员会的职责

选举委员会履行下列职责:(1)划分选举本级人民代表大会代表的选区,分配各选区应选代表的名额;(2)进行选民登记,审查选民资格,公布选民名单,受理对于选民名单不同意见的申诉,并作出决定;(3)确定选举日期;(4)了解核实并组织介绍代表候选人的情况;根据较多数选民的意见,确定和公布正式代表候选人名单;(5)主持投票选举;(6)确定选举结果是否有效,公布当选代表名单;(7)法律规定的其他职责。

三、选民登记

(一)选民的范围

在直接选举中,首先要对选民进行登记。根据规定,中华人民共和国年满十八周岁的公民,不分民族、种族、性别、职业、家庭出身、宗教信仰、教育程度、财产状况和居住期限,除依照法律被剥夺政治权利的人之外,都有选举权和被选举权,都应当作为选民进行登记。

(二)不列入选民名单的公民

对死亡的和依照法律被剥夺政治权利的人,从选民名单上除名。

精神病患者不能行使选举权利的,经选举委员会确认,不列入选民名单。

(三)对选民名单异议的处理

对于公布的选民名单有不同意见的,可以在选民名单公布之日起五日内向选举委员会提出申诉。选举委员会对申诉意见,应在三日内作出处理决定。申诉人如果对处理决定不服,可以在选举日的五日以前向人民法院起诉,人民法院应在选举日以前作出判决。人民法院的判决为最后决定。

四、代表的罢免

(一)罢免案的提出

1.罢免县、乡人大代表

对于县级的人民代表大会代表,原选区选民50人以上联名,对于乡级的人民代表大会代表,原选区选民30人以上联名,可以向县级的人民代表大会常务委员会书面提出罢免要求。

2.罢免县级以上人大代表

县级以上的地方各级人民代表大会举行会议的时候,主席团或者十分之一以上代表联名,可以提出时由该级人民代表大会选出的上一级人民代表大会代表的罢免案。在人民代表大会闭会期间,县级以上的地方各级人民代表大会常务委员会主任会议或者常务委员会五分之一以上组成人员联名,可以向常务委员会提出对由该级人民代表大会选出的上一级人民代表大会代表的罢免案。

(二)罢免案的表决通过

1.罢免县、乡人大代表

罢免县级和乡级的人民代表大会代表,须经原选区过半数的选民通过。

2.罢免县级以上人大代表

罢免由县级以上的地方各级人民代表大会选出的代表,须经各该级人民代表大会过半数的代表通过;在代表大会闭会期间,须经常务委员会组成人员的过半数通过。

思考题

1.全国人大立法在立法体系中处于什么地位?

2.选举委员会有哪些职责?

第三篇　学习国家基本法律，提高法律素养

第五章　行政法律制度

行政法，是指行政主体在行使行政职权和接受行政法制监督过程中与行政相对人、行政法制监督主体之间发生的各种关系，以及行政主体内部发生的各种关系的法律规范的总称。它由规范行政主体和行政权设定的行政组织法、规范行政权行使的行政行为法、规范行政权运行程序的行政程序法、规范行政权监督的行政监督法和行政救济法等部分组成。其重心是控制和规范行政权，保护行政相对人的合法权益。

第一节　公务员法

一、公务员的概念及范围

《公务员法》第 2 条规定："本法所称公务员，是指依法履行公职、纳入国家行政编制、由国家财政负担工资福利的工作人员。"根据这一规定，我国公务员的范围，包括在国家权力机关、行政机关、审判机关、检察机关、执政党机关、人民政协机关以及民主党派机关中任职的除工勤人员以外的工作人员。

我国对公务员的管理，坚持公开、平等、竞争、择优的原则，实行监督约束与激励保障并重；对公务员的任用，坚持任人唯贤、德才兼备的原则，注重工作实绩。

二、公务员的条件、义务与权利

（一）公务员的条件

公务员的条件，是指担任公务员应当具备的法定要件或者法定资格。根据《公务员法》第 11 条的规定，公务员应当具备以下七个方面的条件：（1）具有中华人民共和国国籍；（2）年满 18 周岁；（3）拥护中华人民共和国宪法；（4）具有良好的品行；（5）具有正常履行职责的身体条件；（6）具有符合职位要求的文化程度和工作能力；（7）法律规定的其他条件。

（二）公务员的义务与权利

1. 公务员的义务

根据《公务员法》第 12 条的规定，公务员应当履行以下九个方面的义务：（1）模范遵守宪法和法律；（2）按照规定的权限和程序认真履行职责，努力提高工作效率；（3）全心全意为人民服务，接受人民监督；（4）维护国家的安全、荣誉和利益；（5）忠于职守，勤勉尽责，服从和执行上级依法作出的决定和命令；（6）保守国家秘密和工作秘密；（7）遵守纪律，恪守职业道德，模范遵守社会公德；（8）清正廉洁，公道正派；（9）法律规定的其他义务。

2. 公务员的权利

根据《公务员法》第 13 条的规定，公务员享有以下八个方面的权利：（1）获得履行职责应当具有的工作条件；（2）非因法定事由、非经法定程序，不被免职、降职、辞退或者处分；（3）获得工资报酬，享受福利、保险待遇；（4）参加培训；（5）对机关工作和领导人员提出批评和建议；（6）提出申诉和控告；（7）申请辞职；（8）法律规定的其他权利。

三、公务员的奖励与惩戒

（一）公务员的奖励

1. 奖励的基本条件与方式

对工作表现突出，有显著成绩和贡献，或者有其他突出事迹的公务员或者公务员集体，给予奖励。奖励坚持精神奖励与物质奖励相结合、以精神奖励为主的原则。公务员集体的奖励适用于按照编制序列设置的机构或者为完成专项任务组成的工作集体。

2. 奖励的具体条件

公务员或者公务员集体有下列情形之一的，给予奖励：(1)忠于职守，积极工作，成绩显著的；(2)遵守纪律，廉洁奉公，作风正派，办事公道，模范作用突出的；(3)在工作中有发明创造或者提出合理化建议，取得显著经济效益或者社会效益的；(4)为增进民族团结、维护社会稳定做出突出贡献的；(5)爱护公共财产，节约国家资财有突出成绩的；(6)防止或者消除事故有功，使国家和人民群众利益免受或者减少损失的；(7)在抢险、救灾等特定环境中奋不顾身，做出贡献的；(8)同违法违纪行为作斗争有功绩的；(9)在对外交往中为国家争得荣誉和利益的；(10)有其他突出功绩的。

3. 奖励的种类

公务员的奖励分以下五种：嘉奖；记三等功；记二等功；记一等功；授予荣誉称号。对受奖励的公务员或者公务员集体予以表彰，并给予一次性奖金或者其他待遇。

4. 奖励的撤销

公务员或者公务员集体有下列情形之一的，撤销奖励：(1)弄虚作假，骗取奖励的；(2)申报奖励时隐瞒严重错误或者严重违反规定程序的；(3)有法律、法规规定应当撤销奖励的其他情形的。

(二)公务员的惩戒

公务员的惩戒，是指公务员的纪律与处分制度，主要包括公务员的基本纪律规范和公务员违反纪律的政纪责任。

公务员必须遵守纪律，不得有下列行为：(1)散布有损国家声誉的言论，组织或者参加旨在反对国家的集会、游行、示威等活动；(2)组织或者参加非法组织，组织或者参加罢工；(3)玩忽职守，贻误工作；(4)拒绝执行上级依法作出的决定和命令；(5)压制批评，打击报复；(6)弄虚作假，误导、欺骗领导和公众；(7)贪污、行贿、受贿，利用职务之便为自己或者他人谋取私利；(8)违反财经纪律，浪费国家资财；(9)滥用职权，侵害公民、法人或者其他组织的合法权益；(10)泄露国家秘密或者工作秘密；(11)在对外交往中损害国家荣誉和利益；(12)参与或者支持色情、吸毒、赌博、迷信等活动；(13)违反职业道德、社会公德;(14)从事或者参与营利性活动,在企业或者其他营利性组织中兼任职务;(15)旷工或者因公外出、请假期满无正当理由逾期不归;(16)违反纪律的其他行为。

公务员因违法违纪应当承担纪律责任的,依照《公务员法》给予处分;违纪行为情节轻微,经批评教育后改正的,可以免予处分。处分分为:警告、记过、记大过、降级、撤职、开除。

四、公务员的辞职、辞退与退休

(一)公务员的辞职

1.辞职的申请与审批

公务员辞去公职,应当向任免机关提出书面申请。任免机关应当自接到申请之日起 30 日内予以审批,其中对领导成员辞去公职的申请,应当自接到申请之日起 90 日内予以审批。

2.不得辞去公职的情形

根据《公务员法》的规定,公务员有下列情形之一的,不得辞去公职:(1)未满国家规定的最低服务年限的公务员不得辞职;(2)在涉及国家秘密等特殊职位任职或者离开上述职位时不满国家规定的脱密期限的公务员不得辞职;(3)重要公务尚未处理完,而且须由本人继续处理的不得辞职;(4)正在接受审计、纪律审查,或者涉嫌犯罪,司法程序尚未终结的公务员不得辞职;(5)法律、行政法规规定的其他不得辞去公职的情形。

3.领导成员辞职

领导成员辞去公职可以分为以下四种情况:(1)因公辞职:担任领导职务的公务员,因工作变动依照法律规定需要辞去现任职务的,应当履行辞职手续;(2)自愿辞职:担任领导职务的公务员,因个人或者其他原因,可以自愿提出辞去领导职务;(3)引咎辞职:领导成员因工作严重失误、失职造成重大损失或者恶劣社会影响的,或者对重大事故负有领导责任的,应当引咎辞去领导职务;(4)责令辞职:领导成员应当引咎辞职或者因其他原因不再适合担任现任领导职务,本人不提出辞职的,应当责令其辞去领导职务。

因公辞职与自愿辞职适用所有担任领导职务的公务员。引咎辞职与责令辞职仅适用于公务员中的领导成员。

（二）公务员的辞退

1. 辞退条件

根据《公务员法》的规定,公务员有下列情形之一的,予以辞退:(1)在年度考核中,连续两年被确定为不称职的;(2)不胜任现职工作,又不接受其他安排的;(3)因所在机关调整、撤销、合并或者缩减编制员额需要调整工作,本人拒绝合理安排的;(4)不履行公务员义务,不遵守公务员纪律,经教育仍无转变,不适合继续在机关工作,又不宜给予开除处分的;(5)旷工或者因公外出、请假期满无正当理由逾期不归连续超过 15 天,或者一年内累计超过 30 天的。

2. 不得辞退的情形

根据《公务员法》的规定,对有下列情形之一的公务员,不得辞退:(1)因公致残,被确认丧失或者部分丧失工作能力的;(2)患病或者负伤,在规定的医疗期内的;(3)女性公务员在孕期、产假、哺乳期内的;(4)法律、行政法规规定的其他不得辞退的情形。

（三）公务员的退休

1. 退休的概念和方式

公务员退休,是指公务员达到法定退休年龄、为国家服务达到一定工作年限、或者丧失工作能力,依法办理手续,退出公务员队伍,由国家给予生活保障,并给予妥善安置与管理。

公务员退休方式包括自愿退休和强制退休两种。

2. 提前退休

根据我国《公务员法》的规定,公务员有下列情形之一的,本人自愿提出申请,经任免机关批准,可以提前退休:(1)工作年限满 30 年的;(2)距国家规定的退休年龄不足 5 年,且工作年限满 20 年的;(3)符合国家规定的可以提前退休的其他情形的。

3. 退休待遇

根据《公务员法》的规定,公务员退休后,享受国家规定的退休金和其他待遇,国家为其生活和健康提供必要的服务和帮助,鼓励发挥个人专长,参与社会发展。

五、公务员的申诉和控告

（一）公务员的申诉权

公务员对涉及本人的下列人事处理不服的，可以自知道该人事处理之日起30日内向原处理机关申请复核；对复核结果不服的，可以自接到复核决定之日起15日内，按照规定向同级公务员主管部门或者作出该人事处理的机关的上一级机关提出申诉；也可以不经复核，自知道该人事处理之日起30日内直接提出申诉：(1)处分；(2)辞退或者取消录用；(3)降职；(4)定期考核定为不称职；(5)免职；(6)申请辞职、提前退休未予批准；(7)未按规定确定或者扣减工资、福利、保险待遇；(8)法律、法规规定可以申诉的其他情形。

（二）公务员的控告权

公务员认为机关及其领导人员侵犯其合法权益的，可以依法向上级机关或者有关的专门机关提出控告。受理控告的机关应当按照规定及时处理。

公务员提出申诉、控告，不得捏造事实，诬告、陷害他人。

以案释法

公务员考核应符合法律规定

【案情介绍】李某是某县工商局办公室副主任，因病于2012年休假一年。在2012年度考核中，李某被定为不称职等次，单位未将这一结果通知李某。2015年，李某发现自己的工资没能正常晋档，经询问才知道了事情原委。李某向县人事局仲裁办提出申诉。仲裁办受理该案后，即责成县工商局负责人召集2012年度考核小组成员及部分参与评议的群众代表组成临时述辩小组。该小组称，2012年度，部分群众反映李某在外做生意，影响极坏，加之该同志在2011年度表现很差。所以，45%的群众投了他不称职票，经考核小组讨论，评定为不称职。考核结束后，怕影响李某治疗，故没有通知其考核结果。听取述辩小组的辩解后，仲裁办认为县工商局对李某的考核不符合法律规定，遂根据法律的相关规定作出如下裁决：(1)撤销县工商局的决定；(2)李某不参加2012年度的考核；(3)对负责考核的相关人员作通报批评的处理。

【案例评析】《公务员法》将定期考核的结果作为调整公务员职务、级别、工资以及公务员奖励、培训、辞退的依据,强调了对考核结果的使用,例如:定期考核"优秀"和"称职"的,可以享受年终奖金,而"基本称职"的,不享受年终奖金;定期考核被确定为"不称职"的,要降低一个职务层次任职;年度考核连续两年被确定为"不称职"的,应当予以辞退。定期考核的结果书面通知公务员本人。本案中,县工商局将李某列入2012年度的考核对象,违背了人事部《关于实施国家公务员考核制度有关问题的通知》中关于"因病,事假累计超过半年的国家公务员,不进行考核"的规定;考核结果不通知本人,剥夺了被考核人的申诉权;将2011年的工作表现作为2012年的考核依据,更是有违常理。年度考核是公务员的权利,《公务员法》严格了考核程序,可以有效防止考核中的主观臆断、有法不依等现象的出现。

第二节　行政许可法

一、行政许可概述

行政许可,是指行政机关根据公民、法人或者其他组织的申请,经依法审查,准予其从事特定活动的行为。其特征为:行政许可是一种依申请的行政行为;行政许可存在的前提是法律的一般禁止,许可是对禁止的解除;行政许可是一种授益性行政行为;行政许可是一种外部行政行为;行政许可是一种要式行政行为。

行政许可有以下原则:(1)许可法定原则;(2)公开、公平、公正的原则;(3)效率与便民原则;(4)救济原则;(5)信赖保护原则;(6)监督原则。

二、行政许可的范围

根据《行政许可法》第12条的规定,可以设定行政许可的事项包括以下几个方面:(1)直接涉及国家安全、公共安全、经济宏观调控、生态环境保护以及直接关系人身健康、生命财产安全等特定活动,需要按照法定条件予以批准的事项;(2)有限自然资源开发利用、公共资源配置以及直接关系公共利益的特定行业的市场准入等,需要赋予特定权利的事项;(3)提供公众服务并且直接关系公共利益的职业、行业,需要确定具备特殊信誉、特殊条件或者特殊技能等资格、资质的事项；(4)直接关系公共安全、人身健康、生命财产安全的重要设备、设施、产品、物品，需要按照技术标准、技术规范通过检验、检测、检疫等方式进行审定的事项；(5)企业或者其他组织的设立等，需要确定主体资格的事项；(6)法律、行政法规规定可以设定行政许可的其他事项。

根据《行政许可法》第 13 条的规定，上述事项，通过下列方式能够予以规范的，可以不设定行政许可：(1)公民、法人或者其他组织能够自主决定的；(2)市场竞争机制能够有效调节的；(3)行业组织或者中介机构能够自律管理的；(4)行政机关采用事后监督等其他行政管理方式能够解决的。

三、行政许可的实施

(一)行政许可的实施主体

1. 行政机关

行政许可由具有行政许可权的行政机关在其法定职权范围内实施。这是对行政许可实施主体的一般规定，也是对行政机关实施行政许可的基本要求，即行政许可的实施主体主要是行政机关。

2. 授权实施行政许可的机关

授权实施行政许可，是指特定的国家机关通过法律、法规把某些行政权力授予非行政机关的组织行使，使该组织取得了行政管理的主体资格，既可以以自己的名义独立地行使这些权力，也可以以自己的名义独立地承担因行使这些权力引起的法律后果。

3. 委托实施行政许可的行政机关

委托实施行政许可，是指行政机关在法定职权范围内，依照法律、法规、规章的规定，将行政许可实施权委托给其他行政机关行使的一种行为。

(二)行政许可的费用

行政机关实施行政许可和对许可事项进行监督检查，禁止收取任何费用。对于行政机关提供的申请书格式文本，也不得收费。

实施行政许可收取费用的，必须以法律和行政法规的规定为依据，并且应当遵守以下规则：(1)按照公布的法定项目和标准收费；(2)所收取的费用必须全部上缴国库；(3)财政部门不得向行政机关返还或者变相返还实施行政许可所收取的费用。

(三)行政许可的撤销与注销

1.行政许可的撤销

有下列情形之一的，作出行政许可决定的行政机关或者其上级行政机关，根据利害关系人的请求或者依据职权，可以撤销行政许可：(1)行政机关工作人员滥用职权、玩忽职守作出准予行政许可决定的；(2)超越法定职权作出准予行政许可决定的；(3)违反法定程序作出准予行政许可决定的；(4)对不具备申请资格或者不符合法定条件的申请人准予行政许可的；(5)依法可以撤销行政许可的其他情形。

如果被许可人以欺骗、贿赂等不正当手段取得行政许可的，应当予以撤销。

2.行政许可的注销

有下列情形之一的，行政机关应当依法办理有关行政许可的注销手续：(1)行政许可有效期届满未延续的；(2)赋予公民特定资格的行政许可，该公民死亡或者丧失行为能力的；(3)法人或者其他组织依法终止的；(4)行政许可依法被撤销、撤回，或者行政许可证件依法被吊销的；(5)因不可抗力导致行政许可事项无法实施的；(6)法律、法规规定的应当注销行政许可的其他情形。

以案释法

对已有法律约束，地方不得再设置限制条件

【案情介绍】某省甲、乙、丙三人决定出资合伙成立“新华夏律师事务所”，于是向所在地司法部门提出口头申请并提供了律师事务所章程、发起人名单、身份证明、律师资格证书、能够专职从事律师业务的保证书、资金证明、办公场所的使用证明、合伙协议等资料。但被告知根据该省地方政府规章相关规定，设立合伙制律师事务所必须有一人具有博士学位并且需要填写省司法厅专门设计的申请书格式文本。由于三人都是硕士学位，因此律师事务所没有注册成功。三人大为不解，遂申请复议。

【案例评析】根据《行政许可法》第14、15条规定，行政许可的设定应该用法律设定，而尚未制定法律的，行政法规才可以设定行政许可，尚未制定法律、行政法规的，地方性法规才可以设定行政许可，而对律师事务所的成立，已经

有国家法律约束，地方法规是不能在加限制条件的。因为《行政许可法》中明确规定，地方性法规和省、自治区、直辖市人民政府规章，不得设定应当由国家统一确定的公民、法人或者其他组织的资格、资质的行政许可；不得设定企业或者其他组织的设立登记及其前置性行政许可。故案件中省政府关于立合伙制律师事务所必须有一人具有博士学位的规定是不合法的。

第三节 行政处罚法

一、行政处罚概述

行政处罚，是指享有行政处罚权的行政机关或法律、法规授权的组织，对违反行政法律规范的公民、法人或其他组织所实施的一种行政制裁行为。

行政处罚有以下原则：(1)处罚法定原则；(2)处罚与教育相结合的原则；(3)公正、公开原则；(4)保障当事人程序权利原则；(5)一事不再罚原则。

二、行政处罚的种类与设定

(一)行政处罚的种类

我国《行政处罚法》第 8 条对行政处罚的种类作了如下规定。

(1)警告，是行政主体对情节较轻的违法行为人予以谴责和告诫的处罚种类。警告的目的在于通过对违法行为人予以精神上的惩戒，申明其有违法行为，使其不再违法。

(2)罚款，是指行政主体依法强制违反行政法律规范的行为人，在一定期限内交纳一定数额金钱的行政处罚。罚款属于财产罚，适用范围广，行政主体的裁量幅度较大，目前在我国治安管理、工商管理、税务管理、海关管理、土地管理等不同领域被人们广泛运用。

(3)没收违法所得和非法财物，是指行政主体依据有关行政管理的法律、法规，将当事人的全部或部分违法所得、非法财物，通过行政强制力无偿收归国有的一种行政处罚。

(4)责令停产停业，是指行政主体对违法从事生产经营活动的相对人，在一定期限和范围内限制或取消其生产经营活动资格的处罚。责令停产停业是限制行政相对人行为能力的处罚，属于行为罚。

(5)暂扣或者吊销许可证或执照，是行政机关暂时或者永久地撤销行政违法行为人拥有的国家准许其享有某些权利或从事某些活动资格的文件，使其丧失权利和活动资格的制裁方法。

(6)行政拘留，是指公安机关对违反行政法律规范的自然人，在一定时限内限制其人身自由的一种行政处罚。行政拘留属于人身自由罚。

(7)法律、行政法规规定的其他行政处罚。在我国，行政处罚的种类是由法律明确规定的，实施处罚的主体不得任意设定。目前，我国行政处罚的种类除以上六种外，还有通报批评、驱逐出境等。

(二)行政处罚的设定

行政处罚的设定，是指有关国家机关在法律法规中规定行政处罚的活动，其实质就是某种处罚由哪一个机关通过何种形式来规定。我国《行政处罚法》对我国行政处罚的设定权做出了确定的规定，具体为：

(1)法律的设定权。全国人大及其常委会制定的法律可以创设各种行政处罚，且对限制人身自由的行政处罚的创设拥有专属权。人身自由权是公民的一项最基本的权利，限制人身自由是最严厉的处罚，只能由法律进行创设，其他任何形式的规范性文件都不得加以设定。

(2)行政法规的设定权。根据《行政处罚法》第10条的规定，由国务院制定的行政法规在设定行政处罚上包括两个方面：一是创设权，行政法规可以创设除限制人身自由以外的各种行政处罚；二是具体规定权，法律对违法行为已经做出行政处罚规定，行政法规需要做出具体规定的，必须在法律规定的给予行政处罚的行为和幅度的范围内规定。

(3)地方性法规的设定权。根据《行政处罚法》第11条的规定，地方性法规的行政处罚设定权也包括两个方面：一是创设权，地方性法规可以创设除限制人身自由、吊销企业营业执照以外的行政处罚；二是具体规定权，法律、行政法规对违法行为已经做出行政处罚规定，地方性法规需要做出具体规定的，必须在法律、行政法规规定的应予行政处罚的行为、处罚的种类和幅度的范围内规定。

(4)行政规章的设定权。根据《行政处罚法》第12条、第13条的规定，行政规章的行政处罚设定权包括两个方面：一是创设权。由于行政规章属于效力等级较低的行政法规范，其创设权有限，只能创设警告或者一定数量罚款的行政处罚。而且部门规章设定的罚款，其罚款限额由国务院规定；地方规章设定的罚款，其罚款限额由省、自治区、直辖市的人大常委会规定。二是具体规定权。行政规章主要是拥有行政处罚的具体规定权，国务院各部门制定的部门规章可以在法律、行政法规规定的给予行政处罚的行为、种类和幅度的范围内做出具体规定；地方人民政府制定的地方规章可以在法律、行政法规和地方性法规规定的给予行政处罚的行为、种类和幅度的范围内做出具体规定。

除上述法律、法规、规章以外的其他规范性文件都不得对行政处罚加以创设。

三、行政处罚的实施机关与适用

(一)行政处罚的实施机关

《行政处罚法》规定，行政处罚由具有行政处罚权的行政机关在法定职权范围内实施，法律、法规授权的具有管理公共事务职能的组织可以在法定授权范围内实施行政处罚。

行政机关依照法律、法规或规章的规定，可以在其法定权限内委托符合下列条件的组织实施行政处罚。这些条件是：依法成立的管理公共事务的事业组织；具有熟悉有关法律、法规、规章和业务的工作人员；对违法行为需要进行技术检查或者技术鉴定的，应当有条件组织进行相应的技术检查或者技术鉴定。

(二)行政处罚的适用

1. 行政处罚的适用条件

行政处罚的适用条件为：处罚对象有违反行政法规范的行为；处罚对象的违法行为依法律、法规、规章应受处罚；处罚对象是达到责任年龄、具备责任能力的公民、法人或者其他组织；处罚对象实施的违法行为未超过追究时效。《行政处罚法》规定，违法行为在二年内未被发现的，不再给予行政处罚。

2. 不予处罚的规定

不予处罚，是指行为人虽然实施了违法行为，但由于特定的情形而不给予处罚：(1)不满 14 周岁的人有违法行为的；(2)精神病人在不能辨认或者不能控制自己行为时有违法行为的；(3)违法行为轻微并及时纠正，没有造成危害后果的。

3. 从轻或减轻处罚

从轻处罚，是指在行政处罚的法定种类和幅度内，适用较轻的种类或者处罚的下限给予处罚，但不能低于法定处罚幅度的最低限度。减轻处罚，是指在法定处罚幅度的最低限以下给予处罚。从轻或减轻处罚适用以下情况：(1)已满 14 周岁不满 18 周岁的人有违法行为的；(2)主动消除或者减轻违法行为危害后果的；(3)受他人胁迫有违法行为的；(4)配合行政机关查处违法行为有立功表现的；(5)其他依法从轻或者减轻行政处罚的。

4. 处罚的折抵

一个行为同时构成行政违法和刑事犯罪，并受到行政处罚和刑事处罚的情况下，应当将行政拘留折抵相应刑期，将行政罚款折抵相应的刑罚罚金。

以案释法

行政机关作出的行政处罚要体现宽严相济

【案情介绍】2014 年 4 月，某市环保局根据群众反映某村水塘出现死鱼现象，遂对刘某某建设经营的冷藏项目进行调查，发现其所建冷库生产面积 200 平方米，该项目未经环保部门批准，需要配套建设的环境保护设施未建成，主体工程未经验收已正式投入生产或使用，违反了《建设项目环境保护管理条例》第 16 条之规定；同时，经执法人员现场核实，该冷库正在更换制冷剂，处于停产状态，属减轻处罚情节。市环保局遂依据上述条例第 28 条，并参照相关规定，作出罚款 3 万元的行政处罚决定。刘某某不服，申请行政复议，复议机关维持该处罚决定。刘某某诉至法院，请求撤销市环保局的上述处罚决定。

一审人民法院经审理后作出如下判决，被告市环保局决定对原告刘某某罚款 3 万元并无不当，驳回原告诉讼请求。刘某某上诉后，二审人民法院判决驳回上诉、维持原判。

【案例评析】本案是涉及判断行政裁量权行使的合理性的典型案例。行政裁量事关行政机关在法定幅度、范围内如何正确行使职权，是依法行政的内在要求。随着法治政府建设步伐的加快，对行政裁量权的规制显得日益重要。行政裁量权行使得好，有助于行政执法人员更好地服务群众、优化管理，否则，裁量的随意与任性可能导致职权滥用、引发纠纷和矛盾。近年来，不少行政机关制定了详细的行政裁量标准，执法日趋规范，但徒法不足以自行，规定再严密也不可能囊括实践中的所有情形，也离不开执法人员结合具体情节的科学理解与准确适用。本案中，根据《建设项目环境保护管理条例》有关规定，涉案冷库属于仓储类需报批环境影响报告表的项目，市环保局依据行政法规以及当地有关环保处罚裁量权量化标准，结合本案违法情节，特别在可酌处 6 万元罚款的幅度下，考虑到该冷库用于仓储土豆，有季节性因素且调查当时正处于停产状态，故本着从轻处罚原则罚款 3 万元，体现了对行政裁量权宽严相济的适度把握，有一定示范意义。（来源：最高人民法院）

第四节 行政强制法

一、行政强制概述

行政强制往往具有强制性、违意志性、行政性以及法定性的特点。行政强制包括行政强制措施和行政强制执行两大类。

行政强制措施，是指行政机关在行政管理过程中，为制止违法行为、防止证据损毁、避免危害发生、控制危险扩大等情形，依法对公民的人身自由实施暂时性限制，或者对公民、法人或者其他组织的财物实施暂时性控制的行为。

行政强制执行，是指行政机关或者行政机关申请人民法院，对不履行行政决定的公民、法人或者其他组织，依法强制履行义务的行为。

其他强制执行方式主要是指强制履行兵役义务、强制戒毒、强制收购、强制教育等。

行政强制有以下基本原则：(1)行政强制合法性原则；(2)行政强制适当原则；(3)教育与强制相结合原则；(4)禁止利用行政强制权谋取利益原则；(5)保障当事人程序权利和法律救济权利原则。

二、行政强制措施的实施

（一）行政强制措施实施的一般规定

对于违法行为情节显著轻微或者没有明显社会危害的情况，行政机关可以不采取行政强制措施。行政强制措施由法律、法规规定的行政机关在法定职权范围内实施，不得委托。依据《行政处罚法》的规定行使相对集中行政处罚权的行政机关，可以实施法律、法规规定的与行政处罚权有关的行政强制措施。

（二）查封、扣押

查封、扣押应当由法律、法规（行政法规、地方性法规）规定的行政机关实施，其他任何行政机关或者组织不得实施。

查封、扣押限于涉案的场所、设施或者财物，不得查封、扣押与违法行为无关的场所、设施或者财物；不得查封、扣押公民个人及其所扶养家属的生活必需品。当事人的场所、设施或者财物已被其他国家机关依法查封的，不得重复查封。

（三）冻结

冻结存款、汇款应当由法律规定的行政机关实施，不得委托给其他行政机关或者组织；冻结存款、汇款的数额应当与违法行为涉及的金额相当；已被其他国家机关依法冻结的，不得重复冻结。金融机构接到行政机关依法作出的冻结通知书后，应当立即予以冻结，不得拖延，不得在冻结前向当事人泄露信息。

三、行政强制执行的实施

（一）行政强制执行实施的一般规定

行政机关实施行政强制执行，不得在夜间或者法定节假日实施，但是情况紧急的除外。行政机关不得对居民生活采取停止供水、供电、供热、供燃气等方式迫使当事人履行相关行政决定。

对违法的建筑物、构筑物、设施等需要强制拆除的，应当由行政机关予以公告；限期当事人自行拆除。当事人在法定期限内不申请行政复议或者提起行政诉讼，又不拆除的，行政机关可以依法强制拆除。

（二）金钱给付义务的执行

行政机关无论加处罚款还是滞纳金，都应及时向当事人告知，因故意不告知、追求罚款与滞纳金收益，而使当事人遭受不合理损失的，即违反了《行政强制法》的规定，对此应认定无效。

加处罚款或者滞纳金的数额不得超出金钱给付义务的数额。实施加处罚款或者滞纳金超过 30 日，经催告当事人仍不履行的，具有行政强制执行权的行政机关可以强制执行。没有行政强制执行权的行政机关应当申请人民法院强制执行。

(三)代履行

行政机关依法作出要求当事人履行排除妨碍、恢复原状等义务的行政决定,当事人逾期不履行,经催告仍不履行,其后果已经或者将危害交通安全、造成环境污染或者破坏自然资源的,行政机关可以代履行,或者委托没有利害关系的第三人代履行。

代履行的费用按照成本合理确定,由当事人承担。但是,法律另有规定的除外。代履行不得采用暴力、胁迫以及其他非法方式。

第五节 行政复议法

一、行政复议概述

行政复议,是指行政机关根据上级行政机关对下级行政机关的监督权,在当事人的申请和参加下,按照行政复议程序对具体行政行为进行合法性和适当性审查,并作出裁决来解决行政侵权争议的活动。

根据《行政复议法》的规定,行政复议应遵循下列基本原则:(1)合法原则;(2)公正、公开原则;(3)及时、便民原则。

二、行政复议范围

(一)可以申请行政复议的事项

根据《行政复议法》的规定,有下列情形之一的,公民、法人或者其他组织可以依照本法申请行政复议:(1)对行政机关作出的警告、罚款、没收违法所得、没收非法财物、责令停产停业、暂扣或者吊销许可证、暂扣或者吊销执照、行政拘留等行政处罚决定不服的。(2)对行政机关作出的限制人身自由或者查封、扣押、冻结财产等行政强制措施决定不服的。(3)对行政机关作出的有关许可证、执照、资质证、资格证等证书变更、中止、撤销的决定不服的。(4)对行政机关作出的关于确认土地、矿藏、水流、森林、山岭、草原、荒地、滩涂、海域等自然资源的所有权或者使用权的决定不服的。(5)认为行政机关侵犯合法的经营自主权的。(6)认为行政机关变更或者废止农业承包合同,侵犯其合法权益的。(7)认为行政机关违法集资、征收财物、摊派费用或者违法要求履行其他义务的。(8)认为符合法定条件，申请行政机关颁发许可证、执照、资质证、资格证等证书，或者申请行政机关审批、登记有关事项，行政机关没有依法办理的。(9)申请行政机关履行保护人身权利、财产权利、受教育权利的法定职责，行政机关没有依法履行的。(10)申请行政机关依法发放抚恤金、社会保险金或者最低生活保障费，行政机关没有依法发放的。(11)认为行政机关的其他具体行政行为侵犯其合法权益的。

在提起对具体行政行为进行复议的同时，可以对该行为所依据的行政规定，提出进行审查的要求。

(二)不能申请行政复议的事项

根据《行政复议法》第8条的规定，下列事项不能提起行政复议：(1)不服行政机关作出的行政处分或者其他人事处理决定的；(2)不服行政机关对民事纠纷作出的调解或者其他处理的。对国防、外交等国家行为不服的，也不能申请复议。

三、行政复议机关与行政复议机构

(一)行政复议机关

县级以上地方政府部门作为被申请人时，复议机关为本级人民政府和上一级人民政府主管部门，由当事人进行选择。另外，对实行垂直领导的行政机关和国家安全机关的具体行政行为不服的，需要向上一级主管部门申请复议。

省以下地方各级政府作为被申请人时，上一级地方人民政府是复议机关。

国务院部门或者省、自治区、直辖市政府作为被申请人时，复议机关是其本身。对复议决定不服的，既可以向法院提起行政诉讼，也可以向国务院申请裁决。国务院作出最终裁决，当事人不得提起行政诉讼。

(二)行政复议机构

行政复议机构是行政复议机关中具体办理复议事项的机构，它的工作具有事务性、程序性和操作性，它没有作出复议决定的职权，有权作出复议决定的是行政复议机关。

四、行政复议的程序

根据我国《行政复议法》的规定，行政复议程序分为申请、受理、审理、决定和执行五个阶段。

（一）申请

公民法人或者其他组织认为具体行政行为侵犯其合法权益，可以自知道该具体行政行为之日起60日内提出行政复议申请；但是法律规定的申请期限超过60日的除外。因不可抗力或其他正当理由耽误法定申请期限，申请期限自障碍消除之日起继续计算。

（二）受理

行政复议机关接到行政复议申请后，应在5日内进行审查，对不符合本法规定的行政复议申请，决定不予受理，并书面告知申请人；对于符合《行政复议法》规定，但是不属于本机关受理的行政复议申请，应当告知申请人向有关行政复议机关提出，除此以外，行政复议申请自行政复议机关负责法制工作的机构收到之日起即为受理。

（三）审理

1. 审理方式

行政复议原则上采用书面审查的办法。但也不排除其他形式，如通过举行听证的方式，听取双方当事人意见，并可以向有关组织和人员调查情况。

2. 审理过程

行政复议机关负责法制工作的机构应当自行政复议申请受理之日起7日内，将行政复议申请书副本或者行政复议申请笔录复印件发送被申请人。被申请人应当自收到申请书副本或者申请笔录复印件之日起10日内，提出书面答复，并提交当初作出具体行政行为的证据、依据和其他有关材料。被申请人不履行这一义务的法律后果是具体行政行为被撤销。因为提交证据证明具体行政行为合法适当的责任，由被申请人负担。

行政复议作出之前，申请人要求撤回复议申请的，经说明理由，可以撤回；撤回复议申请，行政复议终止。

（四）决定

1. 决定期限

行政复议机关应当自受理申请之日起60日内作出行政复议决定；但是法律规定的行政复议期限少于60日的除外，特殊情况下经复议机关的负责人批准，可以适当延长，但延长期限最多不超过30日。

2.决定种类

复议机关经过审理，根据不同情况分别适用以下种类的决定：

(1)维持决定。具体行政行为认定事实清楚，证据确凿，适用依据正确，程序合法，内容适当的，决定维持。

(2)限期履行决定。被申请人不履行法定职责，决定其在一定期限内履行。

(3)撤销、变更、确认违法和重新作出具体行政行为的决定。具体行政行为有下列情形之一的，决定撤销、变更或者确认该具体行政行为违法：主要事实不清，证据不足的；适用依据错误；违反法定程序的；超越或者滥用职权的；具体行政行为明显不当的。如果仍然存在需要行政机关作出处理的事项，复议机关可以作出重新作出具体行政行为的决定。

(4)赔偿决定。申请复议时一并提出赔偿请求，行政复议机关对符合国家赔偿法规定的，在决定撤销、变更具体行政行为或者确认具体行政行为违法时，应当同时决定被申请人给予赔偿。

(五)执行

根据《行政复议法》第32条的规定，被申请人应当履行行政复议决定。被申请人不履行或者无正当理由拖延履行行政复议决定的，行政复议机关或者其有关上级机关应当责令其限期履行。

以案释法

行政机关对民事纠纷作出的调解不适用行政复议

【案情介绍】老刘将自己的摊位租给小李经营，但是几年下来，两人因摊位租赁费问题发生了争议。后来，街道人民调解委员会找他们做调解工作，在调解员的极力撮合下，老刘和小李达成了调解协议，街道人民调解委员会出具了调解书。但是回家后，老刘和老伴一合计，觉得调解结果不合算，认为调解员偏袒了小李。于是，老刘就找到区政府，要求对街道人民调解委员会作出的调解书进行行政复议。区政府工作人员拒绝了老刘的申请。

【案例评析】在我国，绝大多数行政机关的行政决定都可以提起行政复议。但是，仍有几类行政决定不可以提起行政复议：(1)国家行为，比如与国防、外交、军事等有关的行政决定；(2)内部人事关系处理行为，比如行政机关对工作人员的奖惩、任免等决定；(3)对民事纠纷的调处行为，包括对民事纠纷的仲裁或者调解。老刘提起针对人民调解委员会的调解行为提起行政复议，就属于第三类。根据我国《人民调解法》的规定，经人民调解委员会调解达成的调解协议，具有法律约束力，当事人应当按照约定履行。当事人之间就调解协议的履行或者调解协议的内容发生争议的，一方当事人可以向人民法院提起诉讼。老刘可以向法院提起诉讼，如果确有证据证明调解员偏袒对方的，可以请求确认调解协议无效。

第六节　国家赔偿法

一、国家赔偿概述

（一）国家赔偿的概念

国家赔偿，是指国家机关及其工作人员违法行使职权，侵犯公民、法人或者其他组织的合法权益并造成损害，由国家承担责任，对受害人予以赔偿的制度。

根据赔偿义务机关的性质和特点，以及我国国家赔偿法的相关规定，国家赔偿可分为行政赔偿和司法赔偿。行政赔偿是国家对国家行政机关及其工作人员违法行使行政权力或者处在他们的管理或监督之下的物体给相对人造成的损害所承担的赔偿责任。司法赔偿即国家对司法行为所致损害的赔偿，是指司法机关，即公安机关、检察机关、人民法院和监狱管理机关及其工作人员违法行使司法权给公民、法人或其他组织造成损害时，国家所承担的赔偿责任。

（二）国家赔偿责任的构成要件

国家赔偿责任的构成要件是指国家承担赔偿责任所应具备的前提条件，具体包括：

(1)侵权行为主体。我国的侵权行为主体包括国家机关及工作人员、法律法规授权的组织和国家机关委托的组织及个人。

(2)职务行为违法。我国国家赔偿法规定国家机关及工作人员违法行使职权的行为是引起国家赔偿责任的根本条件。

(3)损害事实。损害事实是指由国家机关及其工作人员的行为使公民、法人和其他组织的特定合法权益遭受损害。

(4)因果关系。因果关系是指可引起赔偿的损害必须为侵权行为主体的违法执行职务的行为所造成。

二、行政赔偿

(一)赔偿范围

1.侵犯人身权的行为

行政机关及其工作人员在行使行政职权时有下列侵犯人身权情形之一的，受害人有取得赔偿的权利：(1)违法拘留或者违法采取限制公民人身自由的行政强制措施的；(2)非法拘禁或者以其他方法非法剥夺公民人身自由的；(3)以殴打、虐待等行为或者唆使、放纵他人以殴打、虐待等行为造成公民身体伤害或者死亡的；(4)违法使用武器、警械造成公民身体伤害或者死亡的；(5)造成公民身体伤害或者死亡的其他违法行为。

2.侵犯财产权的行为

行政机关及其工作人员在行使行政职权时有下列侵犯财产权情形之一的，受害人有取得赔偿的权利：(1)违法实施罚款、吊销许可证和执照、责令停产停业、没收财物等行政处罚的；(2)违法对财产采取查封、扣押、冻结等行政强制措施的；(3)违法征收、征用财产的；(4)造成财产损害的其他违法行为。

3.国家不予赔偿的情形

根据《国家赔偿法》第5条的规定，属于下列情形之一的，国家不承担赔偿责任：(1)行政机关工作人员与行使职权无关的个人行为；(2)因公民、法人和其他组织自己的行为致使损害发生的；(3)法律规定的其他情形，主要是不可抗力和第三人过错。

(二)赔偿请求人与赔偿义务机关

1.赔偿请求人

(1)受害的公民、法人或者其他组织有权要求赔偿。

(2)受害的公民死亡，其继承人和其他有扶养关系的亲属有权要求赔偿。

(3)受害的法人或者其他组织终止，承受其权利的法人或者其他组织有权要求赔偿。

2.赔偿义务机关

(1)行政机关及其工作人员行使行政职权侵犯公民、法人和其他组织的合法权益造成损害的,该行政机关为赔偿义务机关。

(2)两个以上行政机关共同行使行政职权时侵犯公民、法人和其他组织的合法权益造成损害的,共同行使行政职权的行政机关为共同赔偿义务机关。

(3)法律、法规授权的组织在行使授予的行政权力时侵犯公民、法人和其他组织的合法权益造成损害的,被授权的组织为赔偿义务机关。

(4)受行政机关委托的组织或者个人在行使受委托的行政权力时侵犯公民、法人和其他组织的合法权益造成损害的,委托的行政机关为赔偿义务机关。

(5)赔偿义务机关被撤销的,继续行使其职权的行政机关为赔偿义务机关;没有继续行使其职权的行政机关的,撤销该赔偿义务机关的行政机关为赔偿义务机关。

(6)经复议机关复议的,最初造成侵权行为的行政机关为赔偿义务机关,但复议机关的复议决定加重损害的,复议机关对加重的部分履行赔偿义务。

(三)行政追偿

行政追偿,是指国家在向行政赔偿请求人支付赔偿费用之后,依法责令具有故意或重大过失的工作人员、受委托的组织或者个人承担部分或全部赔偿费用的法律制度。

三、司法赔偿

(一)赔偿范围

1.侵犯人身权的行为

行使侦查、检察、审判职权的机关以及看守所、监狱管理机关及其工作人员在行使职权时有下列侵犯人身权情形之一的,受害人有取得赔偿的权利:(1)违反刑事诉讼法的规定对公民采取拘留措施的,或者依照刑事诉讼法规定的条件和程序对公民采取拘留措施,但是拘留时间超过刑事诉讼法规定的时限,其后决定撤销案件、不起诉或者判决宣告无罪终止追究刑事责任的;(2)对公民采取逮捕措施后,决定撤销案件、不起诉或者判决宣告无罪终止追究刑事责任的;(3)依照审判监督程序再审改判无罪,原判刑罚已经执行的;(4)刑讯逼供或者以殴打、虐待等行为或者唆使、放纵他人以殴打、虐待等行为造成公民身体伤害或者死亡的；(5)违法使用武器、警械造成公民身体伤害或者死亡的。

2.侵犯财产权的行为

行使侦查、检察、审判职权的机关以及看守所、监狱管理机关及其工作人员在行使职权时有下列侵犯财产权情形之一的，受害人有取得赔偿的权利：(1)违法对财产采取查封、扣押、冻结、追缴等措施的；(2)依照审判监督程序再审改判无罪，原判罚金、没收财产已经执行的。

3.国家不予赔偿的情形

我国《国家赔偿法》第19条规定，属于下列情形之一的，国家不承担赔偿责任：(1)因公民自己故意作虚伪供述，或者伪造其他有罪证据被羁押或者被判处刑罚的；(2)依照《刑法》第17条、第18条规定不负刑事责任的人被羁押的；(3)依照《刑事诉讼法》第15条、第142条第2款规定不追究刑事责任的人被羁押的；(4)行使侦查、检察、审判职权的机关以及看守所、监狱管理机关的工作人员与行使职权无关的个人行为；(5)因公民自伤、自残等故意行为致使损害发生的；(6)法律规定的其他情形。

(二)赔偿义务机关

根据《国家赔偿法》第21条的规定，下列机关为赔偿义务机关：(1)行使侦查、检察、审判职权的机关以及看守所、监狱管理机关及其工作人员在行使职权时侵犯公民、法人和其他组织的合法权益造成损害的，该机关为赔偿义务机关；(2)对公民采取拘留措施，依照本法的规定应当给予国家赔偿的，作出拘留决定的机关为赔偿义务机关；(3)对公民采取逮捕措施后决定撤销案件、不起诉或者判决宣告无罪的，作出逮捕决定的机关为赔偿义务机关；(4)再审改判无罪的，作出原生效判决的人民法院为赔偿义务机关。二审改判无罪，以及二审发回重审后作无罪处理的，作出一审有罪判决的人民法院为赔偿义务机关。

思考题

1.公务员的权利和义务有哪些？

2.《行政处罚法》对行政处罚的设定是如何规定的？

3.哪些情况可以申请行政复议？

第六章　民法商法法律制度

民法商法，又称民商法，是中国特色社会主义法律体系七大法律部门之一，是规范民事活动与商事活动的法律规范的总称。其中，民法是调整平等主体的自然人之间、法人之间、自然人与法人之间社会关系的法律规范的总称，主要包括自然人制度、法人制度、物权制度、债权制度、知识产权制度、人身制度、婚姻制度等。商法是调整平等主体的自然人、法人之间商事关系的法律规范的总称，主要包括公司、证券、期货、票据、保险、破产等方面的法律。

第一节　婚姻法

一、婚姻家庭的概念

婚姻，是一定社会制度所确认的男女两性结合为配偶的社会关系。家庭，是以婚姻、血缘关系和共同经济为纽带，由一定范围的亲属而组成的社会团体。婚姻家庭法律是调整家庭成员之间的人身关系和财产关系的法律规范的总和。

二、婚姻法的基本原则

婚姻法的五项原则，贯穿于我国婚姻法的始终。具体如下：

(1)婚姻自由。婚姻自由，是指男女双方有权依照法律的规定，自主决定婚姻问题，任何人不得强迫或干涉。

(2)一夫一妻制。一夫一妻制，是指一男一女结为夫妻的婚姻制度。

(3)男女平等。男女平等，是指男女双方在婚姻家庭方面享有平等的权利，履行平等的义务。

(4)保护妇女、儿童和老人的合法权益。保护妇女、儿童和老人的合法权益，是指国家对妇女、儿童和老人在婚姻家庭方面的权利和权益给予特别保护。

(5)实行计划生育。实行计划生育，是指通过生育机制有计划地调节人口增长的速度，控制人口的增长率。

三、结婚的法定条件

根据《婚姻法》的规定，男女结婚必须具备下列条件：

(1)男女双方完全自愿。不许任何一方对他方加以强迫或任何第三人加以干涉，是婚姻成立的最重要的先决条件。由于受欺诈、威吓、胁迫或重大误解等原因所作的同意结婚的意思表示都是可撤销的。

(2)男女双方达到法定的婚龄。我国《婚姻法》将法定婚龄规定为男不得小于 22 周岁，女不得小于 20 周岁。

(3)符合一夫一妻的原则。只有未与他人保持婚姻关系的人才有资格结婚。这就是说，只有未婚、离婚和丧偶的人才可与他人结婚。

有下列情形之一的，禁止结婚：(1)直系血亲和三代以内的旁系血亲；(2)患有医学上认为不应当结婚的疾病。

符合上述条件的，要求结婚的男女双方必须亲自到婚姻登记机关进行结婚登记。符合《婚姻法》规定的，予以登记，发给结婚证。取得结婚证，即确立夫妻关系。未办理结婚登记的，应当补办登记。

四、重婚的含义及法律处罚

重婚，是指有配偶者又与他人结婚，或者明知他人有配偶而与之结婚的违法行为。重婚是对一夫一妻原则的严重破坏。

根据我国现行《婚姻法》的规定，重婚行为产生下列民事法律后果和刑事法律后果：

经查明为重婚的，其婚姻无效；对构成重婚罪的，则依据《刑法》第 258 条处罚："有配偶而重婚的，或者明知他人有配偶而与之结婚的，处二年以下有期徒刑或者拘役。"对重婚者，受害人可依法提起诉讼，也可以由人民检察院提起公诉。

五、离婚及相关程序

（一）离婚的概念及原则

离婚，是夫妻双方依法定程序，协议或诉讼解除夫妻关系的法律行为。离婚有两项基本原则：一是保障离婚自由。婚姻以爱情为基础，如果男女双方感情确已完全破裂，且无和好可能，应保障离婚自由。二是反对轻率离婚。离婚涉及本人、子女、家庭乃至社会等各种关系，因此保障离婚自由，并不等于可以轻率离婚或者因喜新厌旧等原因任意离婚。

（二）离婚的程序

离婚的程序分登记离婚和诉讼离婚两种。

一是登记离婚程序。男女双方自愿离婚的，双方必须亲自到一方户口所在地的婚姻登记机关申请离婚。婚姻登记机关查明双方确实是自愿离婚，并对子女和财产问题已有适当处理时，发给离婚证。当事人从取得离婚证起，解除夫妻关系。

二是离婚诉讼程序。男女一方要求离婚的，可由有关部门进行调解或直接向人民法院提出诉讼。人民法院审理离婚案件，首先应进行调解，如果感情确已破裂，调解无效，应准予离婚。此外，《婚姻法》关于诉讼离婚的两项特别规定是：(1)现役军人的配偶要求离婚，须征得军人同意。但军人一方有重大过错的除外。(2)女方在怀孕期间、分娩后 1 年内或中止妊娠后 6 个月内，男方不得提出离婚。

六、夫妻共有财产及其处置

夫妻结婚后，到一方死亡或离婚之前这段期间，是法律上所称的婚姻关系存续期间。这期间夫妻所得的财产，都属于夫妻共同所有的家庭财产。根据《婚姻法》第 17 条规定，夫妻在婚姻关系存续期间所得的财产，归夫妻共同所有，双方另有约定的除外。第 17 条还规定，夫妻对共同所有的财产，有平等的处理权。在确定夫妻共有财产时，应注意把握以下两点。

第一，夫妻共有财产的范围。(1)夫妻双方或一方的劳动收入，如工资、奖金、稿酬，其他形式的劳动报酬等。(2)夫妻双方或一方在婚姻关系存续期间继承、受赠或受遗赠所得的财产。(3)夫妻双方或一方的其他合法收入。

第二，在确定夫妻共同财产范围时，也要注意下列问题：(1)夫妻的婚前财产和双方约定为个人所有的财产，不属于共同财产的范围。(2)复员、转业军人的医疗费归本人所有。复员、转业费一般归本人所有；如结婚多年，夫妻共同生活较长的，可按共同财产对待。对夫妻婚前财产或婚后财产无法确认的，视为共同财产。(3)应将夫妻共同财产和家庭共同财产，其他家庭成员财产加以区别。家庭财产，即是家庭成员共同所有的财产，它既包括夫妻共同财产，也包括父母子女、祖父母孙子女、兄弟姐妹的财产。

以案释法

法院支持当事人请求返还给付的彩礼的情形

【案情介绍】原告郭某起诉与被告吕某离婚，并以双方没有共同生活过为由请求返还彩礼21200元，被告吕某承认原告郭某所述是事实，同意离婚，但以自己是原告郭某明媒正娶的妻子为由不同意返还彩礼。法院经审理查明：原告郭某与被告吕某于2009年8月份经人介绍相识，于2011年3月7日登记结婚，于2011年3月12日举行结婚仪式。从双方相识到结婚这段时间内，被告吕某共接收原告郭某彩礼金21200元。另查明：双方相识四年来，确实未共同生活过。河南省嵩县人民法院经过开庭审理判决双方离婚、被告返还原告彩礼14840元。

【案例评析】有关彩礼与嫁妆如何返还的案件，在我国广大地区特别是农村男女离婚案件中具有一定的普遍意义。依习俗通称，彩礼是婚前男方家庭送给女方的一份礼金或财产，嫁妆是女方带给婆家的物品或钱财的总和。在传统习俗看来，没有彩礼与嫁妆，婚姻难以成立、难讲合法。有人从经济关系分析说彩礼和嫁妆是亲家之间为了建立长久的婚姻关系而采取的物质相互交换，又有人说彩礼是买卖婚姻的筹码，并使神圣的婚姻变得铜臭。彩礼与嫁妆极易导致畸形“金钱婚姻”观，败坏社会风气。彩礼飙升，嫁妆攀比，这已不仅是一个重大的社会问题，而且也是一个值得研究的法律问题。关于彩礼返还问题，最高人民法院关于适用《中华人民共和国婚姻法》若干问题的解释(二)中有明确规定：“当事人请求返还按照风俗给付的彩礼的，如果查明属于以下情形，人民法院应予支持：(一)双方未办理结婚登记手续的；(二)双方办理结婚登记手续但却未共同生活的；(三)婚前给付导致给付人生活困难的。”

本案适用前款第(二)项的规定,即“双方办理结婚登记手续但确未共同生活”,返还彩礼应当以双方离婚为条件,本案的审理结果也依照上述规定。另外,男方只拿回了一万四千多元钱,是因为彩礼应返还多少尚没有明确法律条文进行详细规定,一般是根据双方婚姻维持时间长短,还有双方的过错确定。(来源:最高人民法院)

第二节　物权法

一、物权、物权法的概念及物权法的基本原则

所谓物权,是指权利人依法对特定的物享有直接支配和排他的权利,包括所有权、用益物权和担保物权。

物权法是关于人对物的支配关系、物权变动以及物权交易安全的法律规范的总和。我国《物权法》第 2 条规定了物权法的调整范围。物权法规范的物,包括不动产和动产,不动产是指土地以及房屋、林木等土地定着物;动产,是指不动产以外的物,如汽车、电视机等。物权法上的物通常讲是有体物或者有形物,指物理上的物,包括固体、液体、气体等。

物权法的基本原则包括:平等保护原则;一物一权原则;物权法定原则;物权公示原则;不动产物权登记原则;取得和行使物权应当遵守法律、尊重社会公德不损害他人利益原则。

二、所有权

(一)国家所有权

国家所有权,是指中华人民共和国对全民所有的财产享有占有、使用、收益和处分的权利。国家所有权本质上是社会主义全民所有制在法律上的表现。

物权法以现行法律的规定为依据,对国家所有的财产作出了规定。《物权法》第 46 条至第 52 条对国有财产的范围作出列举性规定:(1)矿藏、水流、海域属于国家所有。(2)城市的土地,属于国家所有。法律规定属于国家所有的农村和城市郊区的土地,属于国家所有。(3)森林、山岭、草原、荒地、滩涂等自

然资源，属于国家所有，但法律规定属于集体所有的除外。(4)法律规定属于国家所有的野生动植物资源，属于国家所有。(5)无线电频谱资源属于国家所有。(6)法律规定属于国家所有的文物，属于国家所有。(7)国防资产属于国家所有。(8)铁路、公路、电力设施、电信设施和油气管道等基础设施，依照法律规定为国家所有的，属于国家所有。

(二)集体所有权

集体所有权，通常被称为劳动群众集体组织所有权，是指劳动群众集体组织在法律规定的范围内对其财产享有的占有、使用、收益和处分的权利。集体所有权是劳动群众集体所有制在法律上的表现。

《物权法》依据《宪法》等有关法律的规定，以列举加概括的方式，对集体所有的不动产和动产的范围作出了规定：(1)法律规定属于集体所有的土地和森林、山岭、草原、荒地、滩涂。(2)集体所有的集体企业的厂房、仓库等建筑物；机器设备、交通运输工具等生产设施；水库、农田灌溉渠道等农田水利设施；以及集体所有的教育、科学、文化、卫生、体育等公益设施。(3)此外，集体财产还包括集体企业所有的生产原材料、半成品和成品，村建公路、农村敬老院等集体所有的其他不动产和动产。

(三)私人所有权

私人所有权，是指公民个人依法对其私人所有的财产享有占有、使用、收益和处分的权利。私人的财产主要包括：(1)收入；(2)房屋；(3)生活用品；(4)生产工具和原材料；(5)储蓄；(6)投资；(7)遗产。

三、用益物权

(一)土地承包经营权

1. 土地承包经营权的概念

土地承包经营权，是指农户或者经济组织在集体所有的或者国家所有由集体使用的土地上依据承包合同的约定进行农业经营活动的权利。所谓土地，主要是指耕地、草地、林地、滩涂、水面等适于农业经营活动的场所，建设用地被排除在外。这里所说的农业经营活动，包括耕种、养殖和畜牧等。

2. 土地承包经营权的期限

根据《物权法》第126条的规定，耕地的承包期为30年。草地的承包期为30年至50年。林地的承包期为30年至70年；特殊林木的林地承包期，经国务院林业行政主管部门批准可以延长。

《物权法》对土地承包经营权的期限的规定与《农村土地承包法》的规定是一致的。而且,《物权法》规定,承包期届满,由土地承包经营权人按照国家规定继续承包。

(二)宅基地使用权

1. 宅基地使用权的权利内容

《物权法》第152条规定了宅基地使用权的权利内容。这条规定中包含三个关键点:第一,宅基地归集体所有。这是宅基地使用权能够成为用益物权的前提。第二,宅基地的用途是建造住宅及其附属设施。第三,宅基地使用权是一种带有社会福利性质的权利,是农民的安身之本。

2. 宅基地使用权的取得、行使与转让

《物权法》第153条规定了宅基地使用权的取得、行使和转让,适用土地管理法等法律和国家有关规定。

四、担保物权

根据《物权法》的规定,担保物权包括抵押权、质权和留置权。债权人在借贷、买卖等民事活动中,为保障实现其债权,需要担保的,可以依法设立其担保物权。第三人为债务人向债权人提供担保的,可以要求债务人提供反担保。设立相保物权,应当依法订立担保合同,担保合同是主债权债务合同的从合同。主债权债务合同无效,担保合同无效,但法律另有规定的除外。担保物权的提供范围包括主债权及其利息、违约金、损害赔偿金、保管担保财产和实现担保物权的费用;当事人另有约定的,按照约定。

第三人提供担保,未经其书面同意,债权人允许债务人转移全部或者部分债务的,担保人不再承担相应的担保责任。被担保的债权既有物的担保又有人的担保的,债务人不履行到期债务或者发生当事人约定的实现担保物权的情形,债权人应当按照约定实现债权;没有约定或者约定不明确,债务人自己提供物的担保的,债权人应当先就该物的担保实现债权;第三人提供物的担保的,债权人可以就物的担保实现债权,也可以要求保证人承担保证责任。提供担保的第三人承担担保责任后,有权向债务人追偿。有下列情形之一的,担保物权消灭:(1)主债权消灭;(2)担保物权实现;(3)债权人放弃担保物权;(4)法律规定担保物权消灭的其他情形。

以案释法

物权登记不能对抗实际不动产物权人

【案情介绍】1996 年，利某与其大哥及其小舅陈某一起做生意并将生意所得在农村购买地块建设民房，该民房共建三层半，由陈某住一楼、利某大哥住二楼、利某住三楼及四楼的半层，各方当事人分别按自己所居住楼层作为独立家庭户办理户籍登记。由于当时购地报批建房等相关手续均由利某办理，故该土地使用权权属人登记为利某且建成的房屋权属登记人为利某。2010 年利某去世，利某的配偶李某通过继承取得该房屋的所有权并于 2013 年办理房屋所有权变更登记手续。之后，李某以房屋是其所有为由请求陈某搬离该房屋，陈某认为其是房屋权属人之一故拒绝搬离，李某遂向法院提起诉讼。人民法院经综合考量，判决李某请求陈某搬离该房屋的诉求缺乏合理依据，依法予以驳回。

【案例评析】《物权法》第 9 条规定："不动产物权的设立、变更、转让和消灭，经依法登记，发生效力；未经登记，不发生效力，但法律另有规定的除外。"我国不动产物权采取登记生效原则，登记是物权公示公信原则的必然要求，实践中在保护因信赖物权登记而取得不动产的善意第三人的适用上取得了明显成效。但是，在对物权权属有争议的当事人之间，登记的不动产物权权利人虽然在法律上推定为真正的权利人，但这种效力只是法律上的"推定"，并非绝对"真正"不可推翻。事实上，如果事实物权人有相反证据证明该不动产权属登记有瑕疵，是可以推翻这种法律推定，从而维护事实上真正物权人的权益。

民事活动应当遵循自愿、公平、等价有偿、诚实信用等原则，尤其在中国对物权法的适用更应尊重我国基本国情。我国物权法于 2007 年 10 月 1 日起生效施行，但在此之前，我国的土地问题历史悠久，情况复杂，特别是在农村土地管理不尽完善的情况下，更应在司法实践中尊重个案事实。根据我国现行土地管理相关规定，一户只能拥有一处宅基地，现实中由几户人家在一处宅基地上共同建房的情况是存在的，如果物权人在明知物权登记有瑕疵的情况下仍变更不动产物权所有权人至自己名下，法院则应该在查清相关事实的基础上保护事实物权人的合法利益。而事实上，物权法虽然对不动产权属采取登记生效原则，但是并不绝对，如不动产异议登记制度，正是为了保护事实物权人而派生出来的登记制度。

本案中，原告仅以不动产权属证书不能完全证明涉案房屋就是其独自所有，原告应在充分尊重事实、尊重社会公德的同时合法、合理行使属于其享有的对涉案房屋的占有、使用的权利。原告要求被告搬离现居住房屋的诉讼请求最终因缺乏合理依据而被一、二审法院驳回。（来源：最高人民法院）

第三节 侵权责任法

一、侵权责任的概念

侵权责任，是指侵犯他人的民事权益而应承担的民事责任。根据《侵权责任法》第 2 条的规定，本法所称民事权益，包括生命权、健康权、姓名权、名誉权、荣誉权、肖像权、隐私权、婚姻自主权、监护权、所有权、用益物权、担保物权、著作权、专利权、商标专用权、发现权、股权、继承权等人身、财产权益。

二、侵权责任的构成和承担方式

（一）侵权责任的构成

《侵权责任法》第二章有关责任构成的规则有：归责原则、共同侵权行为，教唆，帮助他人侵权，危险行为，侵权结果重合，连带责任。

（二）侵权责任的承担方式

《侵权责任法》第 15 条规定了侵权人承担侵权责任的八种方式：(1)停止侵害；(2)排除妨碍；(3)消除危险；(4)返还财产；(5)恢复原状；(6)赔偿损失；(7)赔礼道歉；(8)消除影响、恢复名誉。以上承担侵权责任的方式，可以单独适用，也可以合并适用。

《侵权责任法》第 16 条至第 25 条是对侵权人承担具体侵权责任方式的规定。应当特别注意的是，《侵权责任法》第 17 条确立了有条件的城乡居民同命同价的死亡赔偿规则。这与过去城乡居民在死亡赔偿上完全同命不同价的做法相比，是一个很大的突破，彰显了立法的进步及社会发展对法律公平的深层次呼唤。

三、不承担责任和减轻责任的情形

根据《侵权责任法》第三章的规定，免除或减轻侵权人责任的情形有：受害人过错、第三人侵权、不可抗力、正当防卫、紧急避险。

(1)受害人过错。侵权造成损害，受害人也有过错的，受害人应当承担适当的责任，法律可以减轻侵权人的责任。如果损害是因受害人故意造成的，行为人不承担责任。因为法律没有理由让没有责任的人承担责任，只能让故意造成损害的受害人自负其责。

(2)第三人侵权。受害人的损害不是“侵权人”的行为造成的，而是“侵权人”之外的第三人造成的，由第三人承担造成受害人损害的侵权责任，“侵权人”不承担侵权责任，即谁侵权，谁担责。

(3)不可抗力。不可抗力，是指不能预见、不能避免并不能克服的客观情况。发生不可抗力，人们的正常思维都会有天灾由权利人负担的想法。《侵权责任法》第 29 条也规定，因不可抗力造成他人损害的，不承担责任。法律另有规定的，依照其规定。

(4)正当防卫。正当防卫，是指为了使国家、公共利益、本人或者他人的人身、财产和其他权利免受正在进行的不法侵害，而采取的制止不法侵害的行为，对不法侵害人造成损害的正当行为。正当防卫是法律、道德应加以鼓励的行为。《侵权责任法》第 30 条规定，因正当防卫造成损害的，不承担责任。正当防卫超过必要的限度，造成不应有的损害的，正当防卫人应当承担适当的责任。据此，行为人面对不法侵害实施正当防卫，应当适度。超过必要限度的，行为人应当承担超过限度造成损害的侵权责任。

(5)紧急避险。紧急避险，是指为了使国家、公共利益、本人或者他人的人身、财产和其他权利免受正在发生的危险的侵害，不得已采取保障措施，造成他人损害的行为。《侵权责任法》第 31 条规定，因紧急避险造成损害的，由引起险情发生的人承担责任。如果危险是由自然原因引起的，紧急避险人不承担责任或者给予适当补偿。紧急避险采取措施不当或者超过必要的限度，造成不应有的损害的，紧急避险人应当承担适当的责任。同正当防卫应当适度同理，行为人采取紧急避险的行为也应当适度。超过适度范围造成损害的，行为人应当承担超过适度范围部分的侵权责任。

以案释法

旅行社擅自将其旅游业务转让给其他旅行社要担责

【案情介绍】2008年12月15日，焦某与中山国旅签订《江苏省出境旅游合同》，参加中山国旅组团的赴泰国、新加坡、马来西亚11日游活动，交纳4560元的团费。中山国旅未征得焦某同意，转团给第三人康辉旅行社。2008年12月26日晚，焦某乘坐的旅游车发生交通事故，造成脾破裂、左锁骨闭合性骨折、胸腔积血、腰椎压缩性骨折等。焦某入住江苏省中医院治疗17天，后又入院行摘除肩部钢板手术，住院30天。经鉴定，焦某构成十级伤残，误工期限为90天，护理期限为60天，营养期限为60天。焦某起诉至法院，请求中山国旅与康辉旅行社连带赔偿意外保险金、泰国理赔款、医疗费等合计522437.16元。

【案例评析】旅游者与旅行社签订旅游合同后，双方形成旅游服务合同关系，旅行社所提供的服务应当符合保障旅游者人身、财产安全的要求。同时，旅行社委托的旅游辅助人所提供的食宿、交通运输等服务系旅行社履行旅游服务合同义务的延续，应认定为是代表旅行社的行为，旅游辅助人的侵权行为可直接认定为旅行社的侵权行为。旅游者在旅游过程中乘坐旅行社提供的车辆发生交通事故导致人身损害、财产损失的，构成违约责任和侵权责任的竞合，旅游者有权选择合同之诉或侵权之诉要求旅行社承担相应民事赔偿责任。

旅行社擅自将其旅游业务转让给其他旅行社的，与其签订旅游合同的旅行社和实际提供旅游服务的旅行社应承担连带责任。（来源：最高人民法院）

第四节　公司法

一、有限责任公司

（一）有限责任公司的概念

有限责任公司是指股东以其出资额为限对公司承担责任，公司以其全部资产对公司的债务承担责任的公司。

（二）有限责任公司设立的条件

设立有限责任公司，应当具备以下列条件：(1)股东符合法定人数；(2)有符合公司章程规定的全体股东认缴的出资额；(3)股东共同制定公司章程；(4)有公司名称，建立符合有限责任公司要求的组织机构；(5)有公司住所。

（三）有限责任公司的组织机构

(1)股东会。股东会是有限责任公司的权力机关。除特别规定的以外，有限责任公司必须设立股东会，由全体股东组成。股东会是非常设机关，以会议的方式行使职权。

(2)董事会。董事会是一般有限责任公司的必设机关和常设机关，但股东人数较少或公司规模较小的有限责任公司除外。董事会由董事组成，其成员为 3 至 13 人。董事的任期由公司章程规定，但每届任期不得超过 3 年。董事任期届满，连选可以连任。

(3)监事会。有限责任公司设监事会，其成员不得少于 3 人。股东人数较少或者规模较小的有限责任公司，可以设 1 至 2 名监事，不设监事会。

(4)经理。有限责任公司可以设经理，由董事会决定聘任或者解聘。

（四）一人有限责任公司的特别规定

一人有限责任公司，是指只有一个自然人股东或者一个法人股东的有限责任公司。

一个自然人只能投资设立一个一人有限责任公司。该一人有限责任公司不能投资设立新的一人有限责任公司。

一人有限责任公司的股东不能证明公司财产独立于股东自己的财产的，应当对公司债务承担连带责任。

（五）国有独资公司的特别规定

国有独资公司，是指国家单独出资、由国务院或者地方人民政府授权本级人民政府国有资产监督管理机构履行出资人职责的有限责任公司。

国有独资公司的董事长、副董事长、董事、高级管理人员，未经国有资产监督管理机构同意，不得在其他有限责任公司、股份有限公司或者其他经济组织兼职。

二、股份有限公司

（一）股份有限公司的概念

股份有限公司，简称股份公司，是指其全部资本分为等额股份，股东以其所持股份为限对公司承担责任，公司以其全部资产对公司的债务承担责任的企业法人。

（二）股份有限公司设立的条件

设立股份有限公司，应当具备下列条件：发起人人数应当为 2 人以上 200 人以下；有符合公司章程规定的全体发起人认购的股本总额或者募集的实收股本总额；股份发行、筹办事项符合法律规定；发起人制订公司章程；有公司名称，建立符合股份有限公司要求的组织机构；有公司住所，公司以其主要办事机构所在地为住所。

（三）股份有限公司的组织机构

股份有限公司的权力机构是股东大会，股东大会由全体股东组成，由其行使决定公司的经营方针和投资计划等重要职权。

股份有限公司设董事会，其成员为 5 人至 19 人。董事会成员中可以有公司职工代表。董事会设董事长一人，可以设副董事长。

股份有限公司设经理，由董事会决定聘任或者解聘。

股份有限公司设监事会，其成员不得少于 3 人，董事、高级管理人员不得兼任监事。

（四）股份的发行和转让

公司的股份是公司资本的组成部分，它是以股票为表现形式的。股份的发行与转让也就是股票的发行与转让。股份的发行，实行公开、公平、公正的原则，必须同股同权，同股同利；股票发行的价格不得低于票面金额。股东转让其股份在依法设立的证券交易所进行，公司不得非法收购本公司的股票。

思考题

1. 自然人民事权利能力的起止时间怎么计算？

2. 有限责任公司设立的条件有哪些？

第七章　经济法律制度

经济法是中国特色社会主义法律体系七大法律部门之一，是国家对国民经济进行管理，对宏观调控中所发生的经济关系进行调整的法律规范的总和。市场经济是法治经济。在市场经济环境下，国家对国民经济的调控，除了运用行政和经济的手段之外，还特别注意运用法律的手段。只有这样，才能保证国家经济活动的正常进行，才能保障国家的经济秩序和安全。

第一节　税　法

一、税法概述

（一）税收的概念与特征

税收是国家为了实现其职能，凭借政治权力，依照法律规定，通过税收工具参与国民收入和社会产品的分配和再分配，取得财政收入的一种形式。取得财政收入的手段有多种多样，如税收、发行货币、发行国债、收费、罚没等，而税收则由政府征收，取自于民、用之于民。税收具有法定性、强制性、无偿性、固定性和普遍性的特征。

（二）税法的作用

国家的基本职能有两大方面，即统治职能和社会公共管理职能。税法是国家取得税收收入的法律依据，也是保障国家职能实现的最有效手段。税法的主要作用表现在以下几个方面：(1)税收是国家取得财政收入的主要来源，税法为国家取得稳定的财政收入、筹集建设发展资金提供了有力保障。(2)保证发挥税收的经济调节作用，促进国民经济持续、快速、健康、协调发展。(3)强调企业对社会的经济责任，促使企业加强内部管理、提高效益。(4)保证市场主体的公平竞争，加强对微观经济活动的监督。(5)通过对社会收入的再分配缓解分配不公的矛盾，实现社会公平和共同富裕。(6)维护国家经济主权和经济利益。

二、企业所得税法

(一)企业所得税法的适用范围和税率

根据《企业所得税法》的规定，在中华人民共和国境内，企业和其他取得收入的组织(以下统称企业)为企业所得税的纳税人，依照规定缴纳企业所得税。个人独资企业、合伙企业不适用本法。

企业所得税的税率为25%。非居民企业取得《企业所得税法》第3条第3款规定的所得，适用税率为20%。

(二)应纳税所得额

企业每一纳税年度的收入总额，减除不征税收入、免税收入、各项扣除以及允许弥补的以前年度亏损后的余额，为应纳税所得额。

应征收税收收入。企业以货币形式和非货币形式从各种来源取得的收入，为收入总额。包括：(1)销售货物收入；(2)提供劳务收入；(3)转让财产收入；(4)股息、红利等权益性投资收益；(5)利息收入；(6)租金收入；(7)特许权使用费收入；(8)接受捐赠收入；(9)其他收入。

收入总额中的下列收入为不征税收入：(1)财政拨款；(2)依法收取并纳入财政管理的行政事业性收费、政府性基金；(3)国务院规定的其他不征税收入。

三、个人所得税法

(一)个人所得税的含义及构成

个人所得税是国家对个人所得征收的一种所得税。个人，是指在中国境内有住所，或者无住所而在境内居住满一年的个人，从中国境内和境外取得所得的个人，及在中国境内无住所又不居住或者无住所而在境内居住不满一年的个人，从中国境内取得所得的个人。

根据《个人所得税法》及《个人所得税法实施条例》的规定，下列收入须缴个人所得税：(1)工资、薪金所得；(2)个体工商户的生产、经营所得；(3)对企事业单位的承包经营、承租经营所得；(4)劳务报酬所得；(5)稿酬所得；(6)特许权使用费所得；(7)利息、股息、红利所得；(8)财产租赁所得；(9)财产转让所得；(10)偶然所得；(11)经国务院财政部门确定征税的其他所得。

（二）个人所得税的自行申报

《个人所得税法》第8条规定，个人所得税以所得人为纳税义务人，以支付所得的单位或者个人为扣缴义务人。个人所得超过国务院规定数额的，在两处以上取得工资、薪金所得或者没有扣缴义务人的，以及具有国务院规定的其他情形的，纳税义务人应当按照国家规定办理纳税申报。扣缴义务人应当按照国家规定办理全员全额扣缴申报。

自行申报的纳税义务人，应当向取得所得的当地主管税务机关申报纳税。从中国境外取得所得以及在中国境内两处或者两处以上取得所得的，可以有纳税义务人选择一地申报纳税；纳税义务人变更申报纳税地点的，应当经原主管税务机关批准。自行申报的纳税义务人在申报纳税时，其在中国境内已扣缴的税款，准予按照规定从应纳税额中扣除。

（三）个人所得税的减免

1.免征个人所得税的情形

根据《个人所得税法》规定，下列各项个人所得，免纳个人所得税：(1)省级人民政府、国务院部委和中国人民解放军军以上单位，以及外国组织、国际组织颁发的科学、教育、技术、文化、卫生、体育、环境保护等方面的奖金；(2)国债和国家发行的金融债券利息；(3)按照国家统一规定发给的补贴、津贴；(4)福利费、抚恤金、救济金；(5)保险赔款；(6)军人的转业费、复员费；(7)按照国家统一规定发给干部、职工的安家费、退职费、退休工资、离休工资、离休生活补助费；(8)依照我国有关法律规定应予免税的各国驻华使馆、领事馆的外交代表、领事官员和其他人员的所得；(9)中国政府参加的国际公约、签订的协议中规定免税的所得；(10)经国务院财政部门批准免税的所得。

2.减征个人所得税的情形

根据《个人所得税法》规定，有下列情形之一的，经批准可以减征个人所得税：(1)残疾、孤老人员和烈属的所得；(2)因严重自然灾害造成重大损失的；(3)其他经国务院财政部门批准减税的。

（四）应纳税所得额的计算

(1)工资、薪金所得，以每月收入额减除费用3500元后的余额，为应纳税所得额。

(2)个体工商户的生产、经营所得,以每一纳税年度的收入总额,减除成本、费用以及损失后的余额,为应纳税所得额。

(3)对企事业单位的承包经营、承租经营所得,以每一纳税年度的收入总额,减除必要费用后的余额,为应纳税所得额。

(4)劳务报酬所得、稿酬所得、特许权使用费所得、财产租赁所得,每次收入不超过4000元的,减除费用800元;4000元以上的,减除20%的费用,其余额为应纳税所得额。

(5)财产转让所得,以转让财产的收入额减除财产原值和合理费用后的余额,为应纳税所得额。

(6)利息、股息、红利所得,偶然所得和其他所得,以每次收入额为应纳税所得额。

(7)个人将其所得对教育事业和其他公益事业捐赠的部分,按照国务院有关规定从应纳税所得中扣除。

对在中国境内无住所而在中国境内取得工资、薪金所得的纳税义务人和在中国境内有住所而在中国境外取得工资、薪金所得的纳税义务人,可以根据其平均收入水平、生活水平以及汇率变化情况确定附加减除费用,附加减除费用适用的范围和标准由国务院规定。

第二节　城乡规划法

一、城乡规划法概述

(一)城乡规划的概念

城乡规划是政府对一定时期内城市、镇、乡、村庄的建设布局、土地利用以及经济和社会发展有关事项的总体安排和实施措施,是政府指导和调控城乡建设和发展的基本手段之一。城乡规划,包括城镇体系规划、城市规划、镇规划、乡规划和村庄规划。城市规划、镇规划分为总体规划和详细规划。详细规划分为控制性详细规划和修建性详细规划。

规划区,是指城市、镇和村庄的建成区以及因城乡建设和发展需要,必须实行规划控制的区域。规划区的具体范围由有关人民政府在组织编制的城市总体规划、镇总体规划、乡规划和村庄规划中，根据城乡经济社会发展水平和统筹城乡发展的需要划定。

（二）制定和实施城乡规划必须遵循的原则

制定和实施城乡规划应当遵循以下原则。(1)城乡统筹原则；(2)合理布局原则；(3)节约土地原则；(4)集约发展原则；(5)先规划后建设原则。

二、城乡规划的制定

国务院城乡规划主管部门会同国务院有关部门组织编制全国城镇体系规划，用于指导省域城镇体系规划、城市总体规划的编制。全国城镇体系规划由国务院城乡规划主管部门报国务院审批。

省、自治区人民政府组织编制省域城镇体系规划，报国务院审批。省域城镇体系规划的内容应当包括：城镇空间布局和规模控制，重大基础设施的布局，为保护生态环境、资源等需要严格控制的区域。

乡规划、村庄规划应当从农村实际出发，尊重村民意愿，体现地方和农村特色。乡规划、村庄规划的内容应当包括：规划区范围，住宅、道路、供水、排水、供电、垃圾收集、畜禽养殖场所等农村生产、生活服务设施、公益事业等各项建设的用地布局、建设要求，以及对耕地等自然资源和历史文化遗产保护、防灾减灾等的具体安排。乡规划还应当包括本行政区域内的村庄发展布局。

三、城乡规划的实施

地方各级人民政府应当根据当地经济社会发展水平，量力而行，尊重群众意愿，有计划、分步骤地组织实施城乡规划。

镇的建设和发展，应当结合农村经济社会发展和产业结构调整，优先安排供水、排水、供电、供气、道路、通信、广播电视等基础设施和学校、卫生院、文化站、幼儿园、福利院等公共服务设施的建设，为周边农村提供服务。

乡、村庄的建设和发展，应当因地制宜、节约用地，发挥村民自治组织的作用，引导村民合理进行建设，改善农村生产、生活条件。

思考题

1. 个人须缴个人所得税的收入包括哪些？

2. 制定和实施城乡规划应遵循的原则有哪些？

第八章　社会法律制度

改善民生需要从立法、执法和司法三个环节落实法治的基本要求。行政机关是我国执法体系中最重要的执法部门，保障和改善民生的情况是衡量政府履行职责、实现政府目标的核心评价标准。行政机关在改善民生方面拥有巨大的行政权力，只有行政机关依法行政，才能最大程度地保证民生法律制度的真正落实，以实现改善民生的立法初衷。必须使人民认识到法律既是保障自身权利的有力武器，也是必须遵守的行为规范，增强全社会学法尊法守法用法意识，使法律为人民所掌握、所遵守、所运用。

第一节　未成年人保护法

一、未成年人保护法概述

《中华人民共和国未成年人保护法》经 1991 年 9 月 4 日七届全国人大常委会第 21 次会议通过，1991 年 9 月 4 日，中华人民共和国主席令第 50 号公布；根据 2012 年 10 月 26 日十一届全国人大常委会第 29 次会议通过、2012 年 10 月 26 日中华人民共和国主席令第 65 号公布的《全国人民代表大会常务委员会关于修改〈中华人民共和国未成年人保护法〉的决定》第 2 次修正。《未成年人保护法》分总则、家庭保护、学校保护、社会保护、司法保护、法律责任、附则 7 章 72 条，自 2007 年 6 月 1 日起施行。

保护未成年人工作应当遵循的基本原则有：(1)尊重人格尊严原则；(2)适应未成年人身心发展的规律和特点原则；(3)教育与保护相结合原则。

二、未成年人保护法的主要内容

《未成年人保护法》规定国家对未成年人的保护，分为家庭保护、学校保护、社会保护和司法保护 4 个方面。

（一）家庭保护

家庭保护，是指父母或其他监护人对未成年人进行的保护。这种保护包括在生活上的关心照顾和思想上的教育培养。

《未成年人保护法》对家长和监护人提出了限制性的要求，主要有 3 项：(1)不许虐待、遗弃未成年人；(2)不得歧视女性未成年人和残疾未成年人；(3)不得迫使未成年人结婚和订婚。

《未成年人保护法》第 15 条规定，父母或者其他监护人不得允许或者迫使未成年人结婚，不得为未成年人订立婚约。这一规定是为了保护未成年人的身心健康，也有利于家庭幸福和社会的安定。

（二）学校保护

学校保护，是指学校、幼儿园和其他教育机构对未成年人实施的保护。学校保护包括：(1)保障未成年人的受教育权；(2)保护人身安全和健康；(3)促进未成年人全面发展；(4)尊重未成年人的人格尊严。

（三）社会保护

社会保护，是指各社会团体，企事业组织和其他组织及公民，对未成年人实施的保护。社会保护包括：(1)保护未成年人的安全与健康；(2)保护未成年人的荣誉权；(3)保护未成年人的智力成果权；(4)保护未成年人的个人隐私；(5)公共场所优惠开放；(6)保护未成年人的劳动权。

（四）司法保护

对未成年人的司法保护，是指公安机关、人民检察院、人民法院以及司法行政部门，应当依法履行职责，在司法活动中保护未成年人的合法权益。司法保护包括：(1)办理未成年人犯罪案件的特殊制度；(2)对违法犯罪未成年人的教育改造；(3)对未成年人继承权、抚养权的规定。

第二节 安全生产法

一、安全生产法律制度概述

(一)制定《安全生产法》的目的

制定《安全生产法》的目的是为了加强安全生产工作,防止和减少生产安全事故,保障人民群众生命和财产安全,促进经济社会持续健康发展。

(二)安全生产工作的方针

安全生产工作应当以人为本,坚持安全发展,坚持安全第一、预防为主、综合治理的方针,强化和落实生产经营单位的主体责任,建立生产经营单位负责、职工参与、政府监管、行业自律和社会监督的机制。

二、生产经营单位的安全生产保障

生产经营单位应当具备《安全生产法》和有关法律、行政法规和国家标准或者行业标准规定的安全生产条件;不具备安全生产条件的,不得从事生产经营活动。

(一)生产经营单位的主要负责人对本单位安全生产工作的职责

生产经营单位的主要负责人对本单位安全生产工作负有下列职责:(1)建立健全本单位安全生产责任制;(2)组织制定本单位安全生产规章制度和操作规程;(3)保证本单位安全生产投入的有效实施;(4)督促、检查本单位的安全生产工作,及时消除生产安全事故隐患;(5)组织制定并实施本单位的生产安全事故应急救援预案;(6)及时、如实报告生产安全事故;(7)组织制定并实施本单位安全生产教育和培训计划。

(二)生产经营单位的安全生产管理机构以及安全生产管理人员的职责

生产经营单位的安全生产管理机构以及安全生产管理人员履行下列职责:(1)组织或者参与拟订本单位安全生产规章制度、操作规程和生产安全事故应急救援预案;(2)组织或者参与本单位安全生产教育和培训,如实记录安全生产教育和培训情况;(3)督促落实本单位重大危险源的安全管理措施;

(4)组织或者参与本单位应急救援演练；(5)检查本单位的安全生产状况，及时排查生产安全事故隐患，提出改进安全生产管理的建议；(6)制止和纠正违章指挥、强令冒险作业、违反操作规程的行为；(7)督促落实本单位安全生产整改措施。

(三)生产经营单位对从业人员进行安全生产教育和培训的职责

根据《安全生产法》的规定，生产经营单位应当对从业人员进行安全生产教育和培训，保证从业人员具备必要的安全生产知识，熟悉有关的安全生产规章制度和安全操作规程，掌握本岗位的安全操作技能，了解事故应急处理措施，知悉自身在安全生产方面的权利和义务。未经安全生产教育和培训合格的从业人员，不得上岗作业。

生产经营单位使用被派遣劳动者的，应当将被派遣劳动者纳入本单位从业人员统一管理，对被派遣劳动者进行岗位安全操作规程和安全操作技能的教育和培训。劳务派遣单位应当对被派遣劳动者进行必要的安全生产教育和培训。

生产经营单位应当建立安全生产教育和培训档案，如实记录安全生产教育和培训的时间、内容、参加人员以及考核结果等情况。

(四)生产经营单位必须履行的其他职责

生产经营单位必须为从业人员提供符合国家标准或者行业标准的劳动防护用品，并监督、教育从业人员按照使用规则佩戴、使用。

生产经营单位应当安排用于配备劳动防护用品、进行安全生产培训的经费。

生产经营单位不得将生产经营项目、场所、设备发包或者出租给不具备安全生产条件或者相应资质的单位或者个人。

生产经营单位发生生产安全事故时，单位的主要负责人应当立即组织抢救，并不得在事故调查处理期间擅离职守。

生产经营单位必须依法参加工伤保险，为从业人员缴纳保险费。

以案释法

强令冒险作业从业人员有权拒绝

【案情介绍】陈某是某工程队的起重工。2015 年 5 月 16 日，工程队承建某桥梁工程，陈某被派前往吊装水泥桥面板，因施工场地狭窄，将桥面板从载重车上吊到施工现场要跨过一条正在施工的道路，陈某向现场负责人提出，将正在路面上铺设水泥的工人暂时撤离现场才能吊运，负责人不予理会，命令陈某继续作业。陈某认为这样存在很大的安全隐患，可能会发生事故，于是坚持要求路面施工人员离开，否则不干。现场负责人非常恼火，打电话给工程队队长，另派了一名起重司机吊运，同时决定以“不服从正常工作安排”为由，扣发陈某当天工资和当月奖金，陈某不服，向劳动争议仲裁委员申请仲裁，要求工程队补发被扣的工资和奖金。

【案例评析】用人单位与劳动者依法设立劳动关系后，用人单位有权根据生产需要对劳动者进行统一安排和指挥，劳动者负有服从指挥和管理的义务。但劳动者在一定条件下，享有拒绝权。本案中的用人单位在未撤离路面施工人员的情况下，强令陈某继续吊运是违反《劳动法》第 56 条第 2 款的规定的。工人冒险作业会存在极大的安全隐患，危及路面施工人员的人身安全。

陈某未进行吊装施工工作，是行使法律赋予的权利，不属于不服从正常工作安排的违反劳动纪律行为。因此，用人单位不应该扣发陈某的工资、奖金。《安全生产法》第 51 条规定：“从业人员有权对本单位安全生产工作中存在的问题提出批评、检举、控告；有权拒绝违章指挥和强令冒险作业。生产经营单位不得因从业人员对本单位安全生产工作提出批评、检举、控告或者拒绝违章指挥、强令冒险作业而降低其工资、福利等待遇或者解除与其订立的劳动合同。”本案用人单位违反本规定，强令陈某继续吊运是对支配管理权的滥用，劳动者当然有权利拒绝。

综上所述，用人单位应当根据《劳动法》第 91 条的规定，补发陈某的工资和奖金，并赔偿经济损失。

思考题

1. 保护未成年人工作应当遵循的基本原则有哪些？

2. 生产经营单位的主要负责人对本单位安全生产工作有哪些职责？

第九章　刑事法律制度

法律的重要作用，突出表现在规范社会行为和调节社会关系上。以惩罚犯罪，保护公民为目的而制定的刑法，其所采取的调整方法是一种严厉的法律制裁手段，即刑罚处罚。中华人民共和国刑法的任务，就是用刑罚同一切犯罪行为作斗争，以保卫国家安全，保卫人民民主专政的政权和社会主义制度，保护国有财产和劳动群众集体所有的财产，保护公民私人所有的财产，保护公民的人身权利、民主权利和其他权利，维护社会秩序、经济秩序，保障社会主义建设事业的顺利进行。任何危害社会、触犯刑事法律规范的人，都是刑法制裁的对象。

第一节　刑法概述

一、刑法的基本原则

刑法本身所具有的，贯穿于刑法始终，必须得到普遍遵循的具有全局性、根本性的准则，就是刑法的基本原则。我国刑法明文规定了三个基本原则。

（一）罪刑法定原则

《刑法》第 3 条规定："法律明文规定为犯罪行为的，依照法律定罪处刑；法律没有明文规定为犯罪行为的，不得定罪处刑。"即"法无明文规定不为罪，法无明文规定不处罚"。

（二）平等适用刑法原则

《刑法》第 4 条规定："对任何人犯罪，在适用法律上一律平等。不允许任何人有超越法律的特权。"即刑法面前人人平等。任何人犯罪，不得因民族、种族、职业、出身、性别、地位、宗教信仰、教育程度、财产状况、职位高低和功劳大小而有差异，都应当受到刑法的追究，一律平等地定罪、量刑和执行刑罚。

平等适用刑法的具体要求是：对刑法所保护的合法权益予以平等的保护；对于实施犯罪的任何人，都必须严格依照法律认定犯罪；对于任何犯罪人，都必须根据其犯罪事实与法律规定量刑；对于被判处刑罚的任何人，都必须严格按照法律的规定执行刑罚。

（三）罪责刑相适应原则

《刑法》第5条规定："刑罚的轻重，应当与犯罪分子所犯罪行和承担的刑事责任相适应。"

二、刑法的适用范围

《刑法》第6条规定："凡在中华人民共和国领域内犯罪的，除法律有特别规定的以外，都适用本法。凡在中华人民共和国船舶或者航空器内犯罪的，也适用本法。犯罪的行为或者结果有一项发生在中华人民共和国领域内的，就认为是在中华人民共和国领域内犯罪。"第7条还规定："中华人民共和国公民在中华人民共和国领域外犯本法规定之罪的，适用本法，但是按本法规定的最高刑为3年以下有期徒刑的，可以不予追究。中华人民共和国国家工作人员和军人在中华人民共和国领域外犯本法规定之罪的，适用本法。"

第二节　犯罪与刑罚

一、犯罪的概念与刑事责任

（一）犯罪的概念

我国《刑法》第13条规定："一切危害国家主权、领土完整和安全，分裂国家、颠覆人民民主专政的政权和推翻社会主义制度，破坏社会秩序和经济秩序，侵犯国有财产或者劳动群众集体所有的财产，侵犯公民私人所有的财产，侵犯公民的人身权利、民主权利和其他权利，以及其他危害社会的行为，依照法律应当受刑罚处罚的，都是犯罪，但是情节显著轻微危害不大的，不认为是犯罪。"因此，犯罪是具有社会危害性、刑事违法性与应受到刑罚处罚性的行为。

（二）刑事责任年龄和刑事责任能力

1.刑事责任年龄

刑事责任年龄，又称为责任年龄，是指法律规定行为人对自己的犯罪行为负刑事责任必须达到的年龄。行为人只有达到法律刑事责任年龄，才能对自己的犯罪行为负刑事责任。我国《刑法》第17条对刑事责任年龄作了如下的规定：（1）已满16周岁的人犯罪，应当负刑事责任；（2）已满14周岁不满16周岁的人，犯故意杀人、故意伤害致人重伤或者死亡、强奸、抢劫、贩卖毒品、放火、投放危险物质罪的，应当负刑事责任；（3）不满14周岁的一律不负刑事责任；已满14周岁不满18周岁的人犯罪，应当从轻或者减轻处罚；（4）因不满16周岁不予刑事处罚的，责令他的家长或者监护人加以管教；在必要的时候，也可以由政府收容教养；（5）已满75周岁的人故意犯罪的，可以从轻或者减轻处罚；过失犯罪的，应当从轻或者减轻处罚。

2.刑事责任能力

刑事责任能力，是指行为人构成犯罪和承担刑事责任必需的辨认和控制自己行为的能力。我国《刑法》第18条和第19条对刑事责任能力作了明确的规定：（1）精神病人在不能辨认或者不能控制自己行为的时候造成危害结果，经法定程序鉴定确认的，不负刑事责任。但是，应当责令他的家属或者监护人严加看管和医疗，在必要的时候由政府强制医疗；（2）尚未完全丧失辨认或者控制自己行为能力的精神病人犯罪的，应当负刑事责任，但是可以从轻或者减轻处罚；（3）间歇性的精神病人在精神正常的时候犯罪，应当负刑事责任；（4）醉酒的人犯罪，应当负刑事责任；（5）又聋又哑的人或者盲人犯罪，可以从轻、减轻或者免除处罚。

二、犯罪的预备、未遂与中止

（一）犯罪预备

我国《刑法》第22条第1款规定："为了犯罪，准备工具、制造条件的，是犯罪预备。"犯罪预备行为分为两类：一类是为了犯罪准备工具；另一类是为了犯罪制造条件。《刑法》规定，对于预备犯，可以比照既遂犯从轻、减轻处罚或者免除处罚。

(二)犯罪未遂

我国《刑法》第23条第1款规定:"已经着手实行犯罪,由于犯罪分子意志以外的原因而未得逞的,是犯罪未遂。"《刑法》规定,对于未遂犯,可以比照既遂犯从轻或者减轻处罚。

(三)犯罪中止

我国《刑法》第24条第1款规定:"在犯罪过程中,自动放弃犯罪或者自动有效地防止犯罪结果发生的,是犯罪中止。"据此规定,我国刑法上的犯罪中止,是指在犯罪过程中,行为人自动放弃犯罪或者自动有效地防止犯罪结果发生,而未完成犯罪的一种犯罪停止形态。《刑法》规定,对于中止犯,没有造成损害的,应当免除处罚;造成损害的,应当减轻处罚。

三、正当防卫和紧急避险

(一)正当防卫

根据我国《刑法》第20条第1款规定:"为了使国家、公共利益、本人或者他人的人身、财产和其他权利免受正在进行的不法侵害,而采取的制止不法侵害的行为,对不法侵害人造成损害的,属于正当防卫,不负刑事责任。"

根据上述规定,正当防卫必须具备以下条件:(1)必须是对不法侵害,才能实行正当防卫;(2)必须是对正在进行的不法侵害,才能实行正当防卫;(3)必须是为了保卫国家利益、公共利益、本人或者他人的人身、财产和其他权利,才能实行正当防卫,这是正当防卫的基本出发点;(4)必须是针对不法侵害人实行正当防卫。即只能针对不法侵害者本人进行反击,而不能反击任何没有实施不法侵害的第三者;(5)防卫不能明显超过必要限度造成重大损害。《刑法》第20条第2款规定:"正当防卫明显超过必要限度造成重大损害的,应当负刑事责任。"同时,《刑法》第20条第3款规定:"对正在进行行凶、杀人、抢劫、强奸、绑架以及其他严重危及人身安全的暴力犯罪,采取防卫行为,造成不法侵害人伤亡的,不属于防卫过当,不负刑事责任。"

(二)紧急避险

我国《刑法》第21条第1款规定:"为了使国家、公共利益、本人或者他人的人身、财产和其他权利免受正在发生的危险,不得已而采取的紧急避险行为,造成损害的,不负刑事责任。"

紧急避险必须具备以下条件:(1)必须是为了避免国家、公共利益、本人或者他人的人身、财产和其他权利遇到危险而采取的；(2)必须是正在发生危险的情况下采取的；(3)必须是在不得已的情况下采取的；(4)紧急避险行为不能超过必要的限度。

第三节　常见国家工作人员的犯罪行为及其处罚

一、贪污罪

贪污罪，是指国家工作人员利用职务上的便利，侵吞、窃取、骗取或者以其他手段非法占有公共财物的行为。

受国家机关、国有公司、企业、事业单位、人民团体委托管理、经营国有财产的人员，利用职务上的便利，侵吞、窃取、骗取或者以其他手段非法占有国有财物的，以贪污论。

贪污罪的犯罪主体是特殊主体，专指国家工作人员，即《刑法》第93条规定的人员：(1)国家机关中从事公务的人员；(2)国有公司、企业、事业单位、人民团体中从事公务的人员；(3)国家机关、国有公司、企业、事业单位委派到非国有公司、企业、事业单位、社会团体中从事公务的人员；(4)其他依照法律从事公务的人员。

根据《刑法》第383条的规定，对犯贪污罪的，根据情节轻重，分别依照下列规定处罚：(1)贪污数额较大或者有其他较重情节的，处3年以下有期徒刑或者拘役，并处罚金。(2)贪污数额巨大或者有其他严重情节的，处3年以上10年以下有期徒刑，并处罚金或者没收财产。(3)贪污数额特别巨大或者有其他特别严重情节的，处10年以上有期徒刑或者无期徒刑，并处罚金或者没收财产；数额特别巨大，并使国家和人民利益遭受特别重大损失的，处无期徒刑或者死刑，并处没收财产。

同时，《刑法》还规定，对多次贪污未经处理的，按照累计贪污数额处罚。犯第一款罪，在提起公诉前如实供述自己罪行、真诚悔罪、积极退赃，避免、减少损害结果的发生，有第一项规定情形的，可以从轻、减轻或者免除处罚；有第二项、第三项规定情形的，可以从轻处罚。犯第一款罪，有第三项规定情形被判处死刑缓期执行的，人民法院根据犯罪情节等情况可以同时决定在其死刑缓期执行2年期满依法减为无期徒刑后，终身监禁，不得减刑、假释。

《刑法》第394条规定，国家工作人员在国内公务活动或者对外交往中接受礼物，依照国家规定应当交公而不交公，数额较大的，依照本法第382条、第383条的规定定罪处罚。即按照贪污罪论处。

二、挪用公款罪

挪用公款罪，是指国家工作人员利用职务上的便利，挪用公款归个人使用，进行非法活动的，或者挪用公款数额较大、进行营利活动的，或者挪用公款数额较大、超过3个月未还的行为。

归个人使用是指下列情形之一的：(1)将公款供本人、亲友或其他自然人使用的；(2)以个人名义将公款供其他单位使用的；(3)个人决定以单位名义将公款供其他单位使用，谋取个人利益的。

挪用公款进行非法活动的，一般以5000元为追究刑事责任的起点；进行营利活动的，一般以挪用1万元至3万元为追究刑事责任的起点；归个人使用的，也以1万元至3万元为起点，但同时还受超过3个月未还的限制。

《刑法》第384条规定，犯本罪的，处5年以下有期徒刑或拘役；情节严重的，处5年以上有期徒刑；挪用公款数额巨大不退还的，处10年以上有期徒刑或者无期徒刑。挪用用于救灾、抢险、防汛、优抚、扶贫、移民、救济款物归个人使用的，从重处罚。

三、受贿罪

受贿罪，是指国家工作人员利用职务上的便利，索取他人财物的，或者非法收受他人财物，为他人谋取利益的行为。

《刑法》特别规定以受贿罪论处的两种情况：(1)经济受贿。国家工作人员在经济往来中，违反国家规定，收受各种名义的回扣、手续费，归个人所有的，以受贿论处。(2)利用影响力受贿。国家工作人员利用本人职权或者地位形成的便利条件，通过其他国家工作人员职务上的行为，为请托人谋取不正当利益，索取请托人财物或者收受请托人财物的，以受贿论处。

《刑法》第388条之一规定，国家工作人员的近亲属或者其他与该国家工作人员关系密切的人，通过该国家工作人员职务上的行为，或者利用该国家工作人员职权或者地位形成的便利条件，通过其他国家工作人员职务上的行为，为请托人谋取不正当利益，索取请托人财物或者收受请托人财物，数额较大或者有其他较重情节的，处 3 年以下有期徒刑或者拘役，并处罚金；数额巨大或者有其他严重情节的，处 3 年以上 7 年以下有期徒刑，并处罚金；数额特别巨大或者有其他特别严重情节的，处 7 年以上有期徒刑，并处罚金或者没收财产。

离职的国家工作人员或者其近亲属以及其他与其关系密切的人，利用该离职的国家工作人员原职权或者地位形成的便利条件实施前款行为的，依照前款的规定定罪处罚。

根据《刑法》第 386 条的规定，对犯受贿罪的，根据受贿所得数额及情节，依照《刑法》第 383 条的规定处罚。索贿的从重处罚。

四、巨额财产来源不明罪

巨额财产来源不明罪，是指国家工作人员的财产或支出明显超过合法收入，差额巨大，而本人又不能说明其合法来源的行为。

《刑法》第 395 条规定，国家工作人员的财产、支出明显超过合法收入，差额巨大的，可以责令该国家工作人员说明来源，不能说明来源的，差额部分以非法所得论，处 5 年以下有期徒刑或者拘役；差额特别巨大的，处 5 年以上 10 年以下有期徒刑。财产的差额部分予以追缴。国家工作人员在境外的存款，应当依照国家规定申报。数额较大、隐瞒不报的，处 2 年以下有期徒刑或者拘役；情节较轻的，由其所在单位或者上级主管机关酌情给予行政处分。

五、私分国有资产罪

私分国有资产罪，是指国家机关、国有公司、企业、事业单位、人民团体，违反国家规定，以单位名义将国有资产集体私分给个人，数额较大的行为。《刑法》第 396 条规定，国家机关、国有公司、企业、事业单位、人民团体，违反国家规定，以单位名义将国有资产集体私分给个人，数额较大的，对其直接负责的主管人员和其他直接责任人员，处 3 年以下有期徒刑或者拘役，并处或者单处罚金；数额巨大的，处 3 年以上 7 年以下有期徒刑，并处罚金。

六、滥用职权罪

滥用职权罪，是指国家机关工作人员滥用职权，致使公共财产、国家和人民利益遭受重大损失的行为。

行为人滥用职权是故意的，但对损害结果的发生是过失的。遭受重大损失是指下列结果之一：(1)死亡 1 人以上，或者重伤 3 人以上或者轻伤 10 人以上的；(2)直接经济损失 10 万元以上的；(3)造成人员伤亡、直接经济损失虽然没有达到规定数量和数额，但是情节恶劣，使工作、生产受到重大损害或造成严重社会影响的。

《刑法》第 397 条规定，犯本罪的，处 3 年以下有期徒刑或拘役；情节特别严重的，处 3 年以上 7 年以下有期徒刑。犯滥用职权罪且徇私舞弊的，处 5 年以下有期徒刑或拘役；情节特别严重的，处 5 年以上 10 年以下有期徒刑。

国家机关工作人员徇私舞弊，犯滥用职权罪的，处 5 年以下有期徒刑或者拘役；情节特别严重的，处 5 年以上 10 年以下有期徒刑。

七、玩忽职守罪

玩忽职守罪，是指国家机关工作人员玩忽职守，不履行或不正确履行职责，致使公共财产、国家和人民的利益遭受重大损失的行为。

玩忽职守罪的处罚同滥用职权罪，即对犯玩忽职守罪的国家机关工作人员，处 3 年以下有期徒刑或者拘役；情节特别严重的，处 3 年以上 7 年以下有期徒刑。

八、徇私枉法罪

徇私枉法罪，是指司法工作人员徇私枉法、徇情枉法，对明知是无罪的人而使他受追诉、对明知是有罪的人而故意包庇不使他受追诉，或者在刑事审判活动中故意违背事实和法律作枉法裁判的行为。

《刑法》第 399 条规定，犯本罪的，处 5 年以下有期徒刑或者拘役；情节严重的，处 5 年以上 10 年以下有期徒刑；情节特别严重的，处 10 年以上有期徒刑。

司法工作人员收受贿赂，有徇私枉法行为的，同时又构成《刑法》第 385 条规定之罪的，依照处罚较重的规定定罪处罚。

以案释法

副区长贪污 4200 万，终审被判无期

【案情介绍】2011 年 9 月，北京市某区原副区长闫某，因贪污、受贿、挪用

公款共计4200万元，与情妇、弟弟、下属一同受审。闫某被北京市一中院一审判处无期，后提起上诉。闫某提出，对于下属、弟弟等人骗拆迁款他概不知情，也未获得赃款。二审法院认为，闫某为使情人毛某某、弟弟闫某某非法占有国家拆迁补偿款，伙同李某、毛某某等人预谋、策划和侵吞巨额公款的事实，及其将巨额公款给毛某某的公司增资，均有大量证据佐证。一审认定事实清楚，足以认定闫某构成贪污罪、受贿罪、挪用公款罪。2012年10月8日，北京市高院驳回上诉，法院终审维持了原判。

【案例评析】一审法庭上的闫某，将被指控的贪污、受贿罪名辩解为“带动地方经济”，将挪用3000万元公款定义为“为地方经济着想”。到底是什么让闫某在贪腐的路上如此执迷不悟？办理该案的检察官分析认为，从外部环境来看，应该说各项制度和监督已经比较完善，但是在实践中，这些制度却只停留在了纸上，没能很好地发挥作用。就像专家所说：“权力一旦失去制约，定然要走向腐败。”此外，检察官还分析说，虽然闫某在大部分被指控的职务犯罪中自己并没有实际获利，但是所有的犯罪行为如果没有他的点头同意、纵容指使，都是不可能成功的。而且，他的犯罪的后果是使他周围与他有着直接关系的人员获利。因此，他才是这个贪污腐败链条中的关键一环，应该受到法律的严惩。

腐败从根源上说，是权力失去制约和监督导致的权力滥用、以权谋私行为。把权力关进制度的笼子里，就是把权力运行纳入制度轨道，用制度监督、规范、约束、制衡权力，保证权力正确行使而不被滥用。习近平总书记在十八届中央纪委第二次全会上强调：“要加强对权力运行的制约和监督，把权力关进制度的笼子里，形成不敢腐的惩戒机制、不能腐的防范机制、不易腐的保障机制。”这一重要论述，深刻揭示了制约监督权力的基本路径，凸显了制度建设在规范权力运行、防治腐败中的根本作用，对建设廉洁政治具有重要指导意义。（来源：《法制日报》）

思考题

1. 智力发育不全的人犯罪应如何处理？

2. 挪用公款转化为贪污的情形有哪些？

第十章 诉讼法律制度

诉讼法是规定诉讼程序的法律的总称，是对法律关系主体和程序性权利义务关系作出的规范。诉讼法是典型的法律程序法。在我国有三大诉讼法，分别是《民事诉讼法》《刑事诉讼法》《行政诉讼法》。另外，诉讼法部门还包括《仲裁法》《人民调解法》等。可以说，诉讼法是现代法治国家不可缺少的法治平台，是市场经济和民主政治的现实需要，是国家长治久安保持繁荣的制度保障。

第一节 民事诉讼法

一、民事诉讼法概述

(一)民事诉讼法的概念

民事诉讼法，是指规范法院和诉讼参与人的各种民事诉讼活动以及由此产生的各种诉讼关系的法律规范的总称。民事诉讼法有狭义和广义之分，狭义上的民事诉讼法专指《民事诉讼法》。广义上的民事诉讼法，除《民事诉讼法》外，还包括其他法律法规中有关民事诉讼的规范等。

(二)民事诉讼法的任务

我国民事诉讼法的任务，是保护当事人行使诉讼权利，保证人民法院查明事实，分清是非，正确适用法律，及时审理民事案件，确认民事权利义务关系，制裁民事违法行为，保护当事人的合法权益，教育公民自觉遵守法律，维护社会秩序、经济秩序，保障社会主义建设事业顺利进行。

(三)民事诉讼法的基本原则

民事诉讼法的基本原则是指在民事诉讼的整个过程中起指导作用的根本

准则。主要包括:(1)当事人诉讼权利平等原则。(2)同等原则和对等原则。(3)法院调解自愿和合法原则。(4)辩论原则。(5)诚实信用原则。(6)处分原则。

二、民事诉讼的管辖

民事诉讼管辖,是指各级人民法院和同级人民法院之间受理第一审民事案件的分工和权限。

(一)级别管辖

基层人民法院(即各区、县人民法院)管辖除法律另有特别规定的第一审民事案件。中级人民法院管辖下列第一审民事案件:(1)重大涉外案件;(2)在本辖区有重大影响的案件;(3)最高人民法院确定由中级人民法院管辖的案件。高级人民法院管辖在本辖区有重大影响的第一审民事案件。最高人民法院管辖下列第一审民事案件:(1)在全国有重大影响的案件;(2)认为应当由本院审理的案件。

(二)地域管辖

一般民事案件(如离婚、债务等)由被告住所地人民法院管辖;被告住所地与经常居住地不一致的,由经常居住地人民法院管辖。(公民的住所地是指公民的户籍所在地,法人的住所地是指法人主要营业地或者主要办事机构所在地;公民的经常居住地是指公民离开住所地至起诉时已连续居住一年以上的地方,但公民住院就医的地方除外。)

下列民事诉讼,由原告住所地人民法院管辖:(1)对不在中华人民共和国领域内居住的人提起的有关身份关系的诉讼;(2)对下落不明或者宣告失踪的人提起的有关身份关系的诉讼;(3)对被劳动教养的人提起的诉讼;(4)对被监禁的人提起的诉讼。

因合同纠纷引起的案件,由被告住所地或者合同履行地人民法院管辖。合同的双方当事人可以在书面合同中协议选择被告住所地、合同履行地、合同签订地、原告住所地、标的物所在地人民法院管辖,但不得违反本法对级别管辖和专属管辖的规定。

因侵权行为提起的诉讼,由侵权行为地或者被告所在地人民法院管辖。

(三)专属管辖

下列案件,由规定的人民法院专属管辖:(1)因不动产纠纷提起的诉讼,由不动产所在地人民法院管辖;(2)因继承遗产纠纷提起的诉讼,由被继承人死亡时住所地或者主要遗产所在地人民法院管辖;(3)因港口作业中发生纠纷提起的诉讼,由港口所在地人民法院管辖。

三、民事诉讼当事人

(一)民事诉讼当事人

民事诉讼当事人,指因民事上的权利义务关系发生纠纷,以自己的名义进行诉讼,并受人民法院裁判约束的利害关系人。

(二)当事人的权利和义务

1. 当事人的诉讼权利

民事诉讼中当事人享有以下诉讼权利:(1)提起诉讼的权利;(2)委托诉讼代理人的权利;(3)申请回避的权利;(4)收集、提供证据的权利;(5)进行辩论的权利;(6)请求调解的权利;(7)自行和解的权利;(8)提起上诉的权利;(9)申请执行的权利;(10)查阅并复制本案有关材料和法律文书的权利;(11)原告放弃或者变更自己的诉讼请求的权利;(12)被告承认或者反驳诉讼请求,提起反诉的权利。

2. 当事人的诉讼义务

民事诉讼中当事人需履行以下诉讼义务:(1)依法行使诉讼权利;(2)遵守诉讼秩序;(3)履行已经发生法律效力的判决书、裁定书和调解书。

四、民事诉讼证据

民事诉讼证据,是指能够证明民事案件真实情况的客观事实材料。民事诉讼证据有三个最基本的特征,即客观真实性、关联性和合法性。根据《民事诉讼法》第 63 条的规定,证据包括:(1)当事人的陈述;(2)书证;(3)物证;(4)视听资料;(5)电子数据;(6)证人证言;(7)鉴定意见;(8)勘验笔录。证据必须查证属实,才能作为认定事实的根据。

最高人民法院 2015 年 2 月 4 日发布的《关于适用〈中华人民共和国民事诉讼法〉的解释》,解释明确视听资料包括录音资料和影像资料。电子数据,是指通过电子邮件、电子数据交换、网上聊天记录、博客、微博客、手机短信、电子签名、域名等形成或者存储在电子介质中的信息。

五、民事诉讼程序

民事诉讼的程序包括第一审普通程序、第二审程序、审判监督程序、简易程序、特别程序、督促程序、公示催告程序、企业法人破产还债程序和执行程序。这里就其中的几个重要程序进行介绍。

（一）第一审普通程序

第一审普通程序是我国人民法院审理民事案件时通常适用的最基本的程序，包括起诉与受理、审理前准备、开庭审理、诉讼中止和终结、判决和裁定等几个阶段。《民事诉讼法》从第 119 条至第 156 条列专章对第一审普通程序的几个基本程序作了详细规定。

（二）第二审程序

第二审程序是当事人不服第一审人民法院作出的未发生法律效力的判决和裁定而依法提请上级人民法院对案件重新进行审理的程序。根据《民事诉讼法》第 164 条的规定，当事人不服地方人民法院第一审判决的，有权在判决书送达之日起 15 日内向上一级人民法院提起上诉。当事人不服地方人民法院第一审裁定的，有权在裁定书送达之日起 10 日内向上一级人民法院提起上诉。

（三）简易程序

简易程序是基层人民法院及其派出法庭审理事实清楚、权利义务关系明确、争议不大的简单民事案件时所适用程序。在简易程序中，原告可以口头起诉，可以用简便方式随时传唤当事人，由审判员一人独任审理，审理程序简化，必须在立案之日起 3 个月内审结民事案件并不得延长审理期限。

（四）特别程序

特别程序是人民法院审理选民资格案件、宣告失踪或者宣告死亡案件、认定公民无民事行为能力或者限制民事行为能力案件和认定财产无主案件所适用的程序。特别程序审理的特别之处在于：实行一审终审；选民资格案件或者重大、疑难的案件，由审判员组成合议庭审理，其他案件由审判员一人独任审理；案件应当在立案之日起 30 日内或公告期满 30 日内审结。

以案释法

故意提供虚假地址制造缺席审判案

【案情介绍】蒋女士与大华公司因拆迁合同产生系列纠纷，大华公司与蒋女士先后签订了两份协议。大华公司在明知蒋女士的实际居住地和联系电话的情况下，向法院提供虚假地址和虚假电话，一审法院按照提供的地址和电话无法联系到蒋女士，向身份证地址送达仍不能联系到蒋女士后只能缺席审判，在庭审中大华公司只提供对该公司有利的协议，取得对自己有利的判决。蒋女士在执行阶段才了解到该判决，之后向北京市一中法院申请再审。北京市一中法院在审查蒋女士提供的完整证据后认为，有新的证据足以影响原审判决，根据《民事诉讼法》第200条的规定"有新的证据，足以推翻原判决、裁定的，人民法院应当再审"，依法提起再审。

本案中大华公司明知蒋女士的地址和联系方式，故意提供错误地址和电话，达到蒋女士缺席审判的目的，但不诚信的诉讼行为最终没有得逞，蒋女士于再审中参与到了诉讼，大华公司不诚信的诉讼行为也受到法院的相应的处罚和教育。（来源：《人民法院报》）

【案例评析】诚实信用是市场经济的内在要求，也是《民事诉讼法》确立的基本原则。本案例当事人的民事诉讼行为中存在提供虚假证据的不诚信行为，直接损害了对方当事人权利和正常诉讼秩序，有必要引起社会公众的高度关注，共同抵制、防范不诚信民事诉讼行为。现实生活的民事诉讼中，当事人必须认识到诚信诉讼是《民事诉讼法》规定的法定义务和基本原则，《民事诉讼法》第13条规定，民事诉讼应当遵循诚实信用原则。《民事诉讼法》已经对各种不诚信民事诉讼行为加大了惩戒力度。比如对于提供虚假证据的，第111条规定："诉讼参与人伪造、毁灭重要证据，妨碍人民法院审理案件的，人民法院可以根据情节轻重予以罚款、拘留；构成犯罪的，依法追究刑事责任。"对于恶意诉讼，第112条规定："当事人之间恶意串通，企图通过诉讼、调解等方式侵害他人合法权益的，人民法院应当驳回其请求，并根据情节轻重予以罚款、拘留；构成犯罪的，依法追究刑事责任。"

《民事诉讼法》大力提倡诚信诉讼，加大了对不诚信民事诉讼行为的惩戒力度，对个人的最大罚款金额增加到了10万元，对单位的最大罚款金额增加到了100万元,并且规定对恶意诉讼中涉及犯罪的,依法追究刑事责任,这是立法上的进步,但徒法不足以自行,诚信诉讼更需要广大民众的理解和配合,对不诚信行为自觉说不,对不诚信行为积极抵制,共同构筑良好的民事诉讼环境。

第二节　刑事诉讼法

一、刑事诉讼法概述

(一)刑事诉讼法的任务

《刑事诉讼法》第2条规定,中华人民共和国刑事诉讼法的任务,是保证准确、及时地查明犯罪事实,正确应用法律,惩罚犯罪分子,保障无罪的人不受刑事追究,教育公民自觉遵守法律,积极同犯罪行为作斗争,维护社会主义法制,尊重和保障人权,保护公民的人身权利、财产权利、民主权利和其他权利,保障社会主义建设事业的顺利进行。

(二)刑事诉讼法特有的基本原则

刑事诉讼法特有的基本原则有:(1)侦查权、检察权、审判权由专门机关依法行使;(2)公、检、法机关分工负责、互相配合、互相制约原则;(3)被告人有权获得辩护原则;(4)未经人民法院判决,对任何人都不得确定有罪的原则;(5)具有法定情形不予追究刑事责任原则。

二、刑事诉讼的管辖

我国刑事诉讼中的管辖,是指公检法机关在直接受理刑事案件上的权限划分以及审判机关系统内部在审理第一审刑事案件上的权限划分。管辖分立案管辖和审判管辖。

(一)立案管辖

立案管辖,是指公检法机关之间受理或侦查刑事案件时在职权范围上的分工。

1. 公安机关受理的案件

刑事案件的侦查由公安机关进行,法律另有规定的除外。这里主要是指由人民法院直接受理和人民检察院自行侦查的刑事案件以外的其他绝大多数刑事案件。国家安全机关依照法律规定办理危害国家安全的刑事案件，行使与公安机关相同的职权。

2.人民检察院受理的案件

根据《刑事诉讼法》的规定，贪污贿赂犯罪，国家工作人员的渎职犯罪，国家机关工作人员利用职权实施的非法拘禁、刑讯逼供、报复陷害、非法搜查的侵犯公民人身权利的犯罪以及侵犯公民民主权利的犯罪，由人民检察院立案侦查。对于国家机关工作人员利用职权实施的其他重大的犯罪案件，需要由人民检察院直接受理的时候，经省级以上人民检察院决定，可以由人民检察院立案侦查。

3.人民法院直接受理的案件

《刑事诉讼法》第18条规定，自诉案件，由人民法院直接受理。自诉案件就是由被害人直接向法院提起诉讼的案件。具体包括告诉才处理的案件，被害人有证据证明的轻微刑事案件和被害人有证据证明对被告人侵犯自己人身、财产权利的行为应当依法追究刑事责任，而公安机关或者人民检察院不予追究被告人刑事责任的案件。

（二）审判管辖

审判管辖，是指人民法院在审理第一审刑事案件上的权限划分。审判管辖分为级别管辖、地域管辖和专门管辖。

1.级别管辖

级别管辖，是指刑事案件的第一审审判权在不同级别的人民法院之间的分工。根据《刑事诉讼法》的规定，基层人民法院管辖第一审普通刑事案件，但是依法由上级人民法院管辖的除外。中级人民法院管辖除由最高和高级人民法院管辖以外的危害国家安全、恐怖活动案件，可能判处无期徒刑、死刑的案件。高级人民法院管辖的第一审刑事案件，是全省（自治区、直辖市）性的重大刑事案件。最高人民法院管辖的第一审刑事案件，是全国性的重大刑事案件。

2.地域管辖

地域管辖，是指刑事案件的第一审审判权在同级别的人民法院之间的分工。《刑事诉讼法》规定，刑事案件由犯罪地的人民法院管辖。如果由被告人居住地的人民法院审判更为适宜的，可以由被告人居住地的人民法院管辖。几个同级人民法院都有管辖权的案件，由最初受理的法院管辖，在必要时可以移送主要犯罪地法院管辖。

3. 专门管辖

专门管辖，是指专门法院与普通法院在刑事案件管辖方面的权限分工，主要解决哪些刑事案件应当由哪些专门人民法院审判的问题。我国已建立的受理刑事案件的专门法院有军事法院和铁路运输法院。

三、刑事诉讼的证据

《刑事诉讼法》第48条规定，可以用于证明案件事实的材料，都是证据。证据包括：(1)物证；(2)书证；(3)证人证言；(4)被害人陈述；(5)犯罪嫌疑人、被告人供述和辩解；(6)鉴定意见；(7)勘验、检查、辨认、侦查实验等笔录；(8)视听资料、电子数据。证据必须经过查证属实，才能作为定案的根据。

四、刑事诉讼中的强制措施

刑事诉讼中的强制措施，是指公检法机关为保证刑事诉讼的顺利进行，依法对犯罪嫌疑人、被告人的人身自由进行暂时限制或剥夺的强制性方法。包括：拘传、取保候审、监视居住、拘留和逮捕。

五、刑事诉讼的程序

(一)立案

立案，是指司法机关按照管辖范围，对刑事案件接受、审查和作出受理决定的诉讼活动。任何单位和个人发现有犯罪事实或者犯罪嫌疑人，有权也有义务向公安机关、人民检察院或人民法院报案或举报。被害人对侵害其人身权或财产权的犯罪事实或犯罪嫌疑人，有权向公安机关、人民检察院或人民法院报案或控告。

(二)侦查

侦查，是公安机关和人民检察院为查明案情、收集证据和查获犯罪嫌疑人而依法进行调查工作和采取有关强制措施的诉讼活动。侦查人员在侦查过程中可以采用下列侦查手段：讯问犯罪嫌疑人；询问证人、被害人；勘验、检查；搜查；查封、扣押物证、书证；鉴定；技术侦查；通缉。

(三)起诉

起诉，是指请求人民法院对被告人进行审判的诉讼活动。人民检察院代表国家进行的起诉，称为公诉。被害人本人或者他的法定代理人进行的起诉，称为自诉。人民检察院的公诉活动，包括审查起诉、提起公诉、不起诉等。

（四）审判

刑事诉讼中的审判，就是人民法院对人民检察院提起公诉或者自诉人提起自诉的案件，依照法定程序，审查案件事实，并根据已经查明的事实、证据和有关的法律规定，作出被告人是否有罪、应否处罚的裁判活动，包括：(1)第一审程序；(2)第二审程序；(3)死刑复核程序；(4)审判监督程序。

第三节 行政诉讼法

一、行政诉讼法概述

（一）行政诉讼法的概念

行政诉讼是法院应公民、法人或其他组织的请求，通过法定程序审查具体行政行为的合法性，从而解决一定范围内行政争议的活动。行政诉讼法是规范人民法院、当事人和其他诉讼参与人在行政诉讼活动中的权利义务关系的法律规范的总称。

行政诉讼法有狭义和广义之分，狭义上的行政诉讼法专指《行政诉讼法》。广义上的行政诉讼法，除《行政诉讼法》外，还包括其他法律法规中有关行政诉讼的规范等。

（二）行政诉讼的基本原则

我国《行政诉讼法》第 4 条至第 8 条明确规定了行政诉讼的基本原则：(1)人民法院依法独立行使行政审判权原则；(2)以事实为根据、以法律为准绳的原则；(3)具体行政行为合法性审查原则；(4)当事人的法律地位平等原则；(5)使用民族语言文字原则；(6)当事人有权辩论原则；(7)合议、回避、公开审判和两审终审原则；(8)人民检察院实行法律监督原则。

二、行政诉讼的受案范围

（一）人民法院受理案件的范围

《行政诉讼法》第 12 条规定，人民法院受理公民、法人或者其他组织提起的下列诉讼：(1)对行政拘留、暂扣或者吊销许可证和执照、责令停产停业、没收违法所得、没收非法财物、罚款、警告等行政处罚不服的；(2)对限制人身自由或者对财产的查封、扣押、冻结等行政强制措施和行政强制执行不服的；(3)申请行政许可，行政机关拒绝或者在法定期限内不予答复，或者对行政机关作出的有关行政许可的其他决定不服的；(4)对行政机关作出的关于确认土地、矿藏、水流、森林、山岭、草原、荒地、滩涂、海域等自然资源的所有权或者使用权的决定不服的；(5)对征收、征用决定及其补偿决定不服的；(6)申请行政机关履行保护人身权、财产权等合法权益的法定职责，行政机关拒绝履行或者不予答复的；(7)认为行政机关侵犯其经营自主权或者农村土地承包经营权、农村土地经营权的；(8)认为行政机关滥用行政权力排除或者限制竞争的；(9)认为行政机关违法集资、摊派费用或者违法要求履行其他义务的；(10)认为行政机关没有依法支付抚恤金、最低生活保障待遇或者社会保险待遇的；(11)认为行政机关不依法履行、未按照约定履行或者违法变更、解除政府特许经营协议、土地房屋征收补偿协议等协议的；(12)认为行政机关侵犯其他人身权、财产权等合法权益的。除以上规定外，人民法院受理法律、法规规定可以提起诉讼的其他行政案件。

(二)人民法院不受理事项的范围

《行政诉讼法》第 13 条规定，人民法院不受理公民、法人或者其他组织对下列事项提起的诉讼：(1)国防、外交等国家行为；(2)行政法规、规章或行政机关制作、发布的具有普遍约束力的决定、命令；(3)行政机关对行政机关工作人员的奖惩、任免等决定；(4)法律规定由行政机关最终裁决的行政行为。

三、行政诉讼的管辖

(一)级别管辖

级别管辖是不同审级的人民法院之间审理第一审行政案件的权限划分。我国人民法院的设置分为基层人民法院、中级人民法院、高级人民法院和最高人民法院四个审级，行政诉讼法则分别规定了他们各自审理第一审行政案件的权限范围。

1. 基层人民法院的管辖

级别管辖的一般原则是基层人民法院管辖第一审行政案件。该原则意味着除中级、高级以及最高人民法院管辖的特殊的第一审行政案件外，均由基层人民法院管辖。

2. 中级人民法院的管辖

中级人民法院管辖下列第一审行政案件:(1)对国务院部门或者县级以上地方人民政府所作的行政行为提起诉讼的案件;(2)海关处理的案件;(3)本辖区内重大、复杂的案件;(4)其他法律规定由中级人民法院管辖的案件。

3. 高级人民法院和最高人民法院的管辖

高级人民法院管辖本辖区内重大、复杂的第一审行政案件。最高人民法院管辖全国范围内重大、复杂的第一审行政案件。

(二)地域管辖

地域管辖是同级人民法院之间受理第一审行政案件的权限分工。行政诉讼的地域管辖可以分为一般地域管辖和特殊地域管辖。

1. 一般地域管辖

一般地域管辖,是指适用于一般行政案件、按照一般标准确定的管辖。地域管辖的一般标准是:行政案件原则上应该由最初作出行政行为的行政机关所在地人民法院管辖。经复议的案件,也可以由复议机关所在地人民法院管辖。经最高人民法院批准,高级人民法院可以根据审判工作的实际情况,确定若干人民法院跨行政区域管辖行政案件。

2. 特殊地域管辖

特殊地域管辖,是指因为某种特殊因素的存在,不必根据一般地域管辖的原则,而是按照法律规定的特殊规则确定的管辖。

四、行政诉讼的证据

《行政诉讼法》规定证据包括以下八种:(1)书证;(2)物证;(3)视听资料;(4)电子数据;(5)证人证言;(6)当事人的陈述;(7)鉴定意见;(8)勘验笔录、现场笔录。以上证据经法庭审查属实,才能作为认定案件事实的根据。

五、行政诉讼的起诉和受理

(一)起诉

对属于人民法院受案范围的行政案件,公民、法人或者其他组织可以先向行政机关申请复议,对复议决定不服的,再向人民法院提起诉讼;也可以直接向人民法院提起诉讼。

（二）受理

因不动产提起诉讼的案件自行政行为作出之日起超过20年，其他案件自行政行为作出之日起超过5年提起诉讼的，人民法院不予受理。

六、行政诉讼案件的审理和判决

（一）审理

人民法院公开审理行政案件，但涉及国家秘密、个人隐私和法律另有规定的除外。涉及商业秘密的案件，当事人申请不公开审理的，可以不公开审理。

人民法院审理行政案件，不适用调解。但是，行政赔偿、补偿以及行政机关行使法律、法规规定的自由裁量权的案件可以调解。调解应当遵循自愿、合法原则，不得损害国家利益、社会公共利益和他人合法权益。

（二）判决

行政案件有如下几种判决：

(1)维持判决，指人民法院通过审理，认定具体行政行为合法有效，从而作出否定原告对被诉具体行政行为的指控，维持被诉具体行政行为的判决。

(2)撤销判决，指人民法院经过对案件的审查，认定被诉具体行为部分或者全部违法，从而部分或全部撤销被诉行政行为，并可以责令被告重新作出具体行政行为的判决。

(3)履行判决，指人民法院经过审理认定被告负有法律职责无正当理由而不履行，责令被告限制履行法定职责的判决。

(4)变更判决，指人民法院审理，认定行政处罚行为显失公正，运用国家审判权直接改变行政处罚行为的判决。

(5)驳回原告诉讼请求判决，指人民法院经审查认为原告的诉讼请求依法不能成立，但又不适宜对被诉具体行政行为作出其他类型判决的情况下，人民法院直接作出否定原告诉讼请求的一种判决形式。

(6)确认判决，指人民法院通过对被诉具体行政行为的审查，确认被诉具体行政行为合法或违法的一种判决形式。

以案释法

行政机关对作出的行政行为负有举证责任

【案情介绍】某市人社局根据某建筑公司职工李某的工伤确认申请，于2012年5月16日作出决定，认定李某的受伤情形属于工伤。2012年9月17日，该局又作出决定，撤销了关于李某受伤情形属于工伤的认定。李某对此不服，提起行政诉讼。该人社局收到人民法院送达的行政起诉状副本、应诉通知书和举证通知书等材料后，既未在法律规定的时间内向法院提供作出行政决定的证据材料，也未提出延期举证的申请。同时，第三人某建筑公司也没有向法院提供与被诉行政决定相关的证据。

【案例评析】根据最高人民法院《关于执行〈中华人民共和国行政诉讼法〉若干问题的解释》第26条第2款的规定："被告应当在收到起诉状副本之日起十日内提交答辩状，并提供作出具体行政行为时的证据、依据；被告不提供或者无正当理由逾期提供的，应当视为该具体行政行为没有证据、依据。"本案中，某市人社局在收到起诉状副本后，没有在法定期限内提交作出撤销工伤认定决定的证据和法律依据，依法应当认定该决定没有相应的证据、依据。故一审人民法院遂判决撤销了该决定。该人社局不服，提起上诉。二审人民法院经审理认为，某市人社局既未在法律规定的期限内提供证据，也未提出延期举证的申请，原审法院依照法律规定认定其作出的该决定没有证据是正确的，故驳回上诉，维持原判。

思考题

1. 在行政诉讼中，哪些行为是不可诉的？

2. 公民权利受到侵害，维权途径有哪些？

第十一章 国防法律制度

国防法规是指国家为了加强防务，尤其是加强武装力量建设，用法律形式确定并以国家强制手段保证其实施的行为规范的总称。国防法规作为国防活动的基本法规规范，其主要任务是调整和规范国家在国防领域仲的各种关系，把国防建设纳入到法律化轨道，确保革命化、现代化、正规化建设总目标的实现。

第一节 国防法

一、国防法概述

为了建设和巩固国防，保障社会主义现代化建设的顺利进行，1997 年 3 月 14 日，第八届全国人民代表大会第五次会议通过了《中华人民共和国国防法》。

国家为防备和抵抗侵略，制止武装颠覆，保卫国家的主权统一、领土完整和安全所进行的军事活动，以及与军事有关的政治、经济、外交、科技、教育等方面的活动，适用本法。

国家加强武装力量建设和边防、海防、空防建设，发展国防科研生产，普及全民国防教育，完善动员体制，实现国防现代化。国家独立自主、自力更生地建设和巩固国防，实行积极防御战略，坚持全民自卫原则。国家在集中力量进行经济建设的同时，加强国防建设，促进国防建设与经济建设协调发展。

保卫祖国、抵抗侵略是中华人民共和国每一个公民的神圣职责。中华人民共和国公民应当依法履行国防义务。国家和社会尊重、优待军人，保护军人的合法权益，开展各种形式的拥军优属活动。中国人民解放军和中国人民武装警察部队开展拥政爱民活动，加强军政、军民团结。

二、国家机构的国防职权

全国人民代表大会依照宪法规定，决定战争和和平的问题，并行使宪法规定的国防方面的其他职权。全国人民代表大会常务委员会依照宪法规定，决定战争状态的宣布，决定全国总动员或者局部动员，并行使宪法规定的国防方面的其他职权。

中华人民共和国主席根据全国人民代表大会的决定和全国人民代表大会常务委员会的决定，宣布战争状态，发布动员令，并行使宪法规定的国防方面的其他职权。

国务院领导和管理国防建设事业，行使下列职权：(1)编制国防建设发展规划和计划；(2)制定国防建设方面的方针、政策和行政法规；(3)领导和管理国防科研生产；(4)管理国防经费和国防资产；(5)领导和管理国民经济动员工作和人民武装动员、人民防空、国防交通等方面的有关工作；(6)领导和管理拥军优属工作和退出现役的军人的安置工作；(7)领导国防教育工作；(8)与中央军事委员会共同领导中国人民武装警察部队、民兵的建设和征兵、预备役工作以及边防、海防、空防的管理工作；(9)法律规定的与国防建设事业有关的其他职权。

中央军事委员会领导全国武装力量，行使下列职权：(1)统一指挥全国武装力量；(2)决定军事战略和武装力量的作战方针；(3)领导和管理中国人民解放军的建设，制定规划、计划并组织实施；(4)向全国人民代表大会或者全国人民代表大会常务委员会提出议案；(5)根据宪法和法律，制定军事法规，发布决定和命令；(6)决定中国人民解放军的体制和编制，规定总部以及军区、军兵种和其他军区级单位的任务和职责；(7)依照法律、军事法规的规定，任免、培训、考核和奖惩武装力量成员；(8)批准武装力量的武器装备体制和武器装备发展规划、计划，协同国务院领导和管理国防科研生产；(9)会同国务院管理国防经费和国防资产；(10)法律规定的其他职权。

三、武装力量

中华人民共和国的武装力量属于人民。它的任务是巩固国防，抵抗侵略，保卫祖国，保卫人民的和平劳动，参加国家建设事业，全心全意为人民服务。

中华人民共和国的武装力量，由中国人民解放军现役部队和预备役部队、中国人民武装警察部队、民兵组成。中国人民解放军现役部队是国家的常备军，主要担负防卫作战任务，必要时可以依照法律规定协助维护社会秩序；预备役部队平时按照规定进行训练，必要时可以依照法律规定协助维护社会秩序，战时根据国家发布的动员令转为现役部队。中国人民武装警察部队在国务院、中央军事委员会的领导指挥下，担负国家赋予的安全保卫任务，维护社会秩序。民兵在军事机关的指挥下，担负战备勤务、防卫作战任务，协助维护社会秩序。

四、国防教育

国家通过开展国防教育，使公民增强国防观念、掌握国防知识、发扬爱国主义精神，自觉履行国防义务。普及和加强国防教育是全社会的共同责任。国防教育贯彻全民参与、长期坚持、讲求实效的方针，实行经常教育与集中教育相结合、普及教育与重点教育相结合、理论教育与行为教育相结合的原则。

国务院、中央军事委员会和省、自治区、直辖市人民政府以及有关军事机关，应当采取措施，加强国防教育工作。一切国家机关和武装力量、各政党和各社会团体、各企业事业单位都应当组织本地区、本部门、本单位开展国防教育。学校的国防教育是全民国防教育的基础。各级各类学校应当设置适当的国防教育课程，或者在有关课程中增加国防教育的内容。军事机关应当协助学校开展国防教育。教育、文化、新闻、出版、广播、电影、电视等部门和单位应当密切配合，采取多种形式开展国防教育。

五、公民、组织的国防义务和权利

依照法律服兵役和参加民兵组织是中华人民共和国公民的光荣义务。

公民应当接受国防教育。公民和组织应当保护国防设施，不得破坏、危害国防设施。公民和组织应当遵守保密规定，不得泄露国防方面的国家秘密，不得非法持有国防方面的秘密文件、资料和其他秘密物品。公民和组织应当支持国防建设，为武装力量的军事训练、战备勤务、防卫作战等活动提供便利条件或者其他协助。

公民和组织有对国防建设提出建议的权利，有对危害国防的行为进行制止或者检举的权利。公民和组织因国防建设和军事活动在经济上受到直接损失的，可以依照国家有关规定取得补偿。

第二节　兵役法

一、兵役法概述

兵役法是国家制定的关于兵役制度和公民兵役义务的法律规定的总称。它是国家军事制度的重要内容,也是军事法的一个重要分支部门。其主要内容是:我国的兵役制度,武装力量的组成,公民服兵役的条件、形式和期限,兵员的征集、招收和动员,公民服兵役的权利与义务以及奖惩等。

二、我国公民服兵役的条件、形式和期限

(一)公民服兵役的条件

《兵役法》第3条第1款规定:"中华人民共和国公民,不分民族、种族、职业、家庭出身、宗教信仰和教育程度,都有义务依照本法的规定服兵役。"这一规定从原则上体现了保卫祖国人人有责的精神,体现了公民在服兵役问题上具有平等的权利和义务。但是,在具体做法上对公民服兵役做了不同的规定。

(1)对男女服兵役的要求不同。凡符合服兵役条件的18岁至35岁的男性公民,除应征服兵役者外,都应按规定进行预备役登记,而女性公民则是根据国防建设的需要进行预备役登记,凡有民兵组织的单位,适龄男性公民均应分别编为基干民兵或普通民兵,而女性公民则只根据需要编入基干民兵。

(2)有严重生理缺陷或者严重残疾不适合服兵役的人,免服兵役。

(3)依法被剥夺政治权利的人,不得服兵役。

(二)我国公民服兵役的形式和期限

我国公民履行兵役义务的形式主要有四种,即现役、预备役、民兵和军外的军事训练。其中,履行兵役义务的基本形式是服现役和预备役。

1.现役

所谓现役,是指公民自入伍之日起至退伍之日止,在军队中所服的兵役。它是公民服兵役的一种主要形式。其内容包括军官的现役和士兵的现役。服现役的人员,不分军官或士兵,统称现役军人。

2. 预备役

所谓预备役，是指公民在军外所服的兵役，它是国家储备后备兵员的一种主要形式。预备役包括军官的预备役和士兵的预备役。公民在服预备役期间，应按照有关法律的规定参加军事训练，执行其他军事任务，并随时准备应征入伍服现役。

3. 民兵

根据兵役法的规定，民兵组织分为基干民兵组织和普通民兵组织。基干民兵组织是民兵组织的骨干力量，主要由退出现役的士兵以及经过军事训练和选定参加军事训练或者具有专业技术特长的未服过现役的人员组成。基干民兵组织可以在一定区域内从若干单位抽选人员编组。普通民兵组织，由符合服兵役条件未参加基干民兵组织的公民按照地域或者单位编组。

4. 军外的军事训练

(1)预备役的军事训练。未服过现役预编到现役部队、编入预备役部队和编入基干民兵组织的预备役士兵，在 18 周岁至 24 周岁期间，应当参加 30 日至 40 日的军事训练；其中专业技术兵的训练时间，按照实际需要确定。服过现役和受过军事训练的预备役士兵的复习训练，以及其他预备役士兵的军事训练，按照中央军事委员会的规定进行。

(2)高等院校和高级中学学生的军事训练。依照兵役法的规定，对就学期间的高等学校和高级中学或相当于高级中学的学生进行军事训练。这是加强后备力量建设的一个重要方面，它对于增强学生的国防观念，掌握基本的军事知识和技能，加强组织纪律性，促进德、智、体全面发展，都有重要的意义和作用。

三、军人退役后的安置

(一)义务兵退出现役后的安置

(1)义务兵退出现役，按照国家规定发给退役金，由安置地的县级以上地方人民政府接收，根据当地的实际情况，可以发给经济补助。

义务兵退出现役，安置地的县级以上地方人民政府应当组织其免费参加职业教育、技能培训，经考试考核合格的，发给相应的学历证书、职业资格证书并推荐就业。退出现役义务兵就业享受国家扶持优惠政策。

(2)义务兵退出现役，可以免试进入中等职业学校学习；报考普通高等学校以及接受成人教育的，享受加分以及其他优惠政策；在国家规定的年限内考入普通高等学校或者进入中等职业学校学习的，享受国家发给的助学金。

(3)义务兵退出现役，报考公务员、应聘事业单位职位的，在军队服现役经历视为基层工作经历，同等条件下应当优先录用或者聘用。

(4)服现役期间平时荣获二等功以上奖励或者战时荣获三等功以上奖励以及属于烈士子女和因战致残被评定为五级至八级残疾等级的义务兵退出现役，由安置地的县级以上地方人民政府安排工作；待安排工作期间由当地人民政府按照国家有关规定发给生活补助费；本人自愿选择自主就业的，依照本条第一款至第四款规定办理。

(二)士官退出现役后的安置

(1)士官退出现役，服现役不满 12 年的，依照本法第六十条规定的办法安置。

(2)士官退出现役，服现役满 12 年的，由安置地的县级以上地方人民政府安排工作；待安排工作期间由当地人民政府按照国家有关规定发给生活补助费；本人自愿选择自主就业的，依照本法第六十条第一款至第四款的规定办理。

(3)士官服现役满 30 年或者年满 55 周岁的，作退休安置。

(4)士官在服现役期间因战、因公、因病致残丧失工作能力的，按照国家有关规定安置。

(三)军官退出现役后的安置

军官退出现役，国家采取转业、复员、退休等办法予以妥善安置。作转业安置的，按照有关规定实行计划分配和自主择业相结合的方式安置；作复员安置的，按照有关规定由安置地人民政府接收安置，享受有关就业优惠政策；符合退休条件的，退出现役后按照有关规定作退休安置。

以案释法

当兵，每个公民应尽的法律义务

【案情介绍】山西省寿阳县 95 后青年李某应征服役后，因怕苦怕累、不愿受部队纪律约束，以种种理由逃避服兵役，最终由部队按相关规定作出退兵处理。2015 年 11 月 4 日，山西省寿阳县人民政府新闻办公室发布公告称，依据

《中华人民共和国兵役法》等相关规定，对李某作出 114692 元罚款、开除团籍、全县政府企事业单位禁止招聘李某，并在两年内不得升学、出国（境），三年内不得经商、贷款，不得被私营企业聘用等 9 项处罚。该处理公告在网上引发热议。

【案例评析】服兵役是宪法和法律规定的公民义务，具有法定强制性义务的本质属性。根据党的十八大确立的科学立法、严格执法、公正司法、全民守法的法治原则，我国地方各级人民政府对拒服兵役的行为依法采取处罚措施，防止拒不履行兵役义务者“从违法行为中获益”，这对整个社会和其他适龄青年将起到良好的教育和警示作用。

同时，服兵役属于高度人身专属权的义务，直接关系到部队的安全与稳定，不宜简单通过肢体强制、武力压服等手段来保证履行，在此情况下，对拒服兵役违法行为采取相应的其他惩治性处罚措施是完全必要的。

寿阳县人民政府依据《中华人民共和国兵役法》《征兵工作条例》等法律法规，以及山西省地方性法规和政府规章对李某作出行政处罚的决定，是维护国家宪法和法律严肃性和权威性的需要，符合我国兵役法律法规的规定精神。

思考题

1. 公民有哪些国防权利和义务？

2. 现役军人退役后如何安置？

第十二章 国际法律制度

国际法指适用主权国家之间以及其他具有国际人格的实体之间的法律规则的总体。国际法又称国际公法，以区别于国际私法或法律冲突，后者处理的是不同国家的国内法之间的差异。国际法也与国内法截然不同，国内法是一个国家内部的法律，它调整在其管辖范围内的个人及其他法律实体的行为。

第一节 国 家

一、国家概述

因为国家是国际法的主要主体，所以我们在本章专门对国家的一些原则、规则作一重点说明。国际法意义的国家是指具有固定的居民（即永久的人口）、确定的领土、政府和主权的社会实体。涉及国家的主要问题有：国家的基本权利和义务、国家的承认、继承和责任、永久中立国和附属国等。

（一）国家基本权利的含义和基本权利的内容

国家基本权利是由国家主权引申的固有的不可剥夺的权利。它与国家在国际交往中产生的国际法的权利不同，国家在国际交往中产生的法律权利不是固有的而是派生的权利。国家的基本权利一般认为有四项：独立权、平等权、自卫权和管辖权。

（二）国家的基本义务

国家的基本国际义务是尊重别国的上述基本权利，不得侵害别国的领土完整和政治独立、不得干涉别国内政，用和平方法解决与别国的争端和善意履行国际义务。这是国际法基本原则和《联合国宪章》所要求的必须遵守的义务。

二、国家责任

（一）概念

国际法上的继承是指国际法上的权利和义务由一个承受者转移给另一个承受者所发生的法律关系。

（二）国家责任构成的要素

构成国家责任有两个要素：一个是存在归因于国家的行为。用什么标准衡量一个行为是否属于国家行为，那就是看一个行为是否代表该国旨意。《国家责任条文草案》列了七种行为可归为国家的行动。另一个要素是国家行为违反国际义务，无论国家实施了违约行为，还是实施了国际犯罪行为，或是其他违法行为，均是违反国际义务行动。满足了这两个要素的条件就构成了国家责任。

（三）国家行为非法性的排除

排除国家行动的非法性就排除的国家责任。可排除国家行动的非法性的情形包括：(1)同意，即国家实施的行动是在得到关系国的同意情况下作出的。(2)针对他国的违法行动而采取的对抗行动。(3)国家出现的不可抗力和偶然事件。(4)危难，指国家代表或受其监护的人为了逃避极端危难的状况而实施的行为。(5)国家遇到特别紧急的状况，如遇到外国侵略的情况下实施的行动。(6)国家的自卫行动。

第二节 领 土

一、领土的概念和法律地位

（一）领土概念

领土是隶属于国家主权之下的地球特定部分，它既是国家主权的对象又是国家形成和发展的基础。领土对国家具有重要意义。领土由领陆、领水以及领陆和领水的上空及底土组成。

（二）领土的法律地位

国家对领土具有最高的排他的权力，被称为领土主权，它包括两方面意义。一方面是国家对其领土具有所有权，因此具有占有、使用和处分的权利。例如国家可以把领土租借、并入或割让给别国。领土主权的另一方面意义是国家对其领土及领土内的人、物和发生的事件有排他的管辖权。国家的领土主权是国际法确立的，是不可侵犯的。

二、领土主权的取得与变更方式

领土主权的取得与变更是指在一个国家形成之后，它的领土因某种原因而新增或减少。不是国家形成时的原始领土的取得。

传统国际法上国家领土取得与变更方式有五种：(1)先占，即国家对无主地的发现并实行有效统治的结果而取得领土主权。(2)时效，是一国对别国领土长期平稳行使管辖权的结果而取得该领土主权。(3)添附，是由于自然或人为的原因使国家领土有了新增。例如河流入海口形成三角洲或围海造田等都会使国家领土面积扩展。(4)割让，是国家通过条约将部分领土转移给别国，从而使受转国取得领土主权。(5)征服，是以武力对别国领土的兼并。这种方式是现代国际法所禁止的，因为这是对国际法基本原则的破坏，是非法使用武力的结果。

三、领土主权的限制

国家对它的领土虽然有排他的主权，但这样的主权也并不是绝对的，而是受国际法限制的。国家领土主权限制有一般性限制和特别限制。一般性限制是指所有国家或所有关系国都要受到限制。例如，任何国家使用本国领土都不得危害领国和其他国家。特别限制是根据国际条约对特定国家领土主权的限制，不具有普遍性。特别限制的方式有共管、租借和国际地役。共管是两个或两个以上国家共同对某一领土行使主权。租借是指一国根据条约将自己的部分领土租给别国使用，因而使它的领土主权在租借期内受到限制。国际地役是指国家根据条约规定，允许别国在其领土上行使一定的权利，如过境权。或自己放弃行使某项权利以达到为别国服务目的。无论历史上还是现在的国际实践中均存在国际地役制度。

第三节 海 洋

一、领海和毗连区

(一)领海

领海是沿海国领海基线向海一面一定宽度的海域,沿海国有权自行决定这一海域的宽度,有权决定采用直线基线还是正常基线。沿海国对领海享有主权,但应允许外国船舶无害通过。沿海国有权对无害通过制定法律和规章,但不应妨碍外国船舶无害通过,并应将领海内对航行有危险的情况妥为公布。《海洋法公约》规定领海的宽度不应超过 12 海里。

(二)毗连区

毗连区是连接领海但在领海之外的一带领域。沿海国在其毗连区内享有对海关、财政、移民和卫生等事项的专属管制权。因此,沿海国为防止外国船舶违反其领土或领海中关于海关、财政、移民和卫生等法律规章的行为发生,而对它进行管制。也可以为惩治违反上述法律规章的行为而对外国船舶进行管制。

二、专属经济区

专属经济区是在领海之外并与领海相邻接的一带海域,它的宽度从领海基线量起不应超过 200 海里。沿海国在它的专属经济区内享有专属的经济主权权利和管辖权,其他国家享有一定的自由权和其他权利。因此,专属经济区是一种具有特殊意义的海域。

三、大陆架

大陆架是指在沿海国的领海之外该国陆地领土向海底的全部自然延伸,包括地质学上的大陆架、大陆坡和大陆基的海床和底土。大陆架的宽度若是从领海基线量起不足 200 海里,可以延长到 200 海里。若超过 200 海里的可延长到 350 海里或 2500 公尺等深线的 100 海里。

沿海国在大陆架的权利:(1)开发自然资源。(2)授权和管理一切目的在大陆架进行钻探活动的专属权利。(3)有授权和管理建造、操作和使用人工岛屿、设施和结构并对这些人工岛屿、设施和结构有专属管辖权。

四、公海

(一)公海的概念和地位

公海是指在沿海国的内水或群岛水域或领海或专属经济区之外的全部海域。它是全人类的共同资源,因此向所有国家开放,各国在公海上有航行、飞越、捕鱼、建造国际法允许的人工岛、铺设海底电缆和管道以及海洋科学研究的自由权。所以各国不得对公海主张主权或其他权利,并有和平利用公海和顾及其他国家的权利和义务。

(二)公海的自由航行制度

对公海上的各项自由制度大家除了了解一下公海上的捕鱼、铺设海底电缆和管道、人工岛屿及其他设施的建造制度外,应着重掌握自由航行制度。

(三)公海上的管辖权

公海上的管辖权是指国家对公海上的船舶及其人员和发生的事件的管辖权。这种的管辖权有两种情形:一种是船旗国(船的国籍国)对本国船舶在公海上的航行事项和内部纪律事项,发生在公海上的碰撞事件有专属管辖权。另一种情形是各国对发生在公海上的海盗行为、贩运奴隶、非法广播及贩运毒品等行为都具有的管辖权。这种管辖权的行使一般由军舰或其他执行政府公务的船舶行使。也可由军用飞机或执行政府公务的飞机行使。

思考题

1. 领土主权取得的方式有哪些?

2. 沿海国在专属经济区内有哪些权利?

第四篇　学习与经济社会发展相关的法律法规

第十三章　反不正当竞争和反垄断法律制度

不正当竞争行为并不排斥、限制竞争，它是在承认并允许其他竞争对手参与竞争的前提下，采取了正当合法的手段从事经营活动，属于竞争的范畴。垄断行为从本质上看，从根本上排斥、限制竞争，是竞争的对立物，是消除竞争，与竞争水火不容。但是两者的目的是一致的，都是为了促进和保护竞争，禁止经营者一不公平和不正当的竞争手段谋取利益，保护消费这的合法权益，维护健康的市场竞争秩序。

第一节　反不正当竞争法

一、反不正当竞争法的概念

不正当竞争，是指经营者违反法律规定，损害其他经营者的合法权益，扰乱社会经济秩序的行为。反不正当竞争法，是调整市场竞争过程中因规制不正当竞争行为而产生的社会关系的法律规范的总称。该法制定的目的是规范生产经营者的竞争行为，鼓励公平竞争，保护经营者与消费者合法权益，保障社会主义市场经济健康发展。该法适用的主体是从事商品经营或者营利性服务的法人、其他经济组织和个人;适用的行为为不正当竞争行为。

二、不正当竞争行为

(一)欺骗性交易行为

欺骗性交易行为,是指经营者在市场经营活动中,对自己的商品或服务做虚假的表示、说明或承诺,从而获得交易机会,损害同业竞争者利益及消费者利益的行为。具体有以下四种情况:(1)假冒他人的注册商标。(2)与知名商品相混淆,即擅自使用知名商品特有的名称、包装、装潢或者使用与知名商品近似的名称、包装、装潢,造成和他人的知名商品相混淆,使购买者误认为是该知名商品;(3)擅自使用他人的企业名称或者姓名,引人误认为是他人的商品;(4)在商品上伪造或者冒用认证标志、名优标志等质量标志,伪造产地,对商品质量作引人误解的虚假表示。

(二)商业贿赂

商业贿赂,是指经营者为争取交易机会,暗中给予能够影响市场交易的有关人员以财物或其他好处。所谓暗中给予,是指给予的财物或其他好处不在交易对方的正规账目中予以反映。折扣和佣金是允许的,但是给付或接受折扣、佣金,双方都应当如实入账。

(三)虚假宣传

虚假宣传,是指经营者利用广告或其他使公众知道的方法,对商品的质量、制作成分、性能、用途、生产者、有效期限、产地等作引人误解的虚假宣传。构成虚假广告必须达到足以引起一般公众误解的程度。

(四)侵犯商业秘密

商业秘密,是指不为公众所知悉,能为权利人带来经济利益,具有实用性并经权利人采取保密措施的技术信息和经营信息。侵犯商业秘密,是指以不正当手段获取、披露使用他人商业秘密。

(五)低价倾销

低价倾销,是指经营者以挤垮竞争对手为目的,以低于成本的价格销售商品的行为。如果不以挤垮竞争对手为目的,而是为应付经营中的困难情况而以低于成本的价格销售商品则不构成掠夺定价。《反不正当竞争法》规定了四种不构成掠夺定价的情况:(1)销售鲜活商品;(2)处理有效期限即将到期的商品或其他积压的商品;(3)季节性降价;(4)因清偿债务、转产、歇业降价销售商品。

(六)不正当有奖销售行为

不正当有奖销售行为,是指经营者在销售商品或提供服务时,以欺骗或其他不正当手段,附带提供给用户和消费者金钱、实物或者其他好处,作为对交易的奖励。经营者实施的法律禁止的不正当有奖销售行为有:(1)采用谎称有奖或者故意让内定人员中奖的欺骗方式进行有奖销售;(2)利用有奖销售的手段推销质次价高的商品;(3)抽奖式的有奖销售,最高奖的金额超过5000元。

(七)搭售或附加其他不合理条件

经营者销售商品,不得违背购买者的意愿搭售商品或者附加其他不合理的条件。

(八)诋毁竞争对手的商业信誉

诋毁商誉行为,是指经营者捏造、散布虚假事实、损害竞争对手的商业信誉、商品声誉,从而削弱其竞争力,为自己取得竞争优势的行为。

(九)串通投标

投标者不得串通投标,抬高价格或者压低价格。投标者和招标者不得相互勾结,以排挤竞争对手的公平竞争。

此外,根据《反不正当竞争法》的规定,公用企业或者其他依法具有独占地位的经营者,不得限定他人购买其指定的经营者的商品,以排挤其他经营者的公平竞争。政府及其所属部门不得滥用行政权力,限定他人购买其指定的经营者的商品,限制其他经营者正当的经营活动,限制外地商品进入本地市场,或者本地商品流向外地市场。

以案释法

在账外暗中给予回扣属于不正当竞争行为

【案情介绍】某某电器有限公司成立于2005年,由于公司管理落后,不注重开发新产品,公司生产的小型收录机、变压器、耳机等电器产品在市场上销售量很小,两年来公司的亏损额已达几十万元。公司总经理苏某忧心忡忡,想着打开产品销路的问题,听别人谈及给人回扣的方法,非常感兴趣。在一次贸易交流洽谈会上,苏某结识了某省某百货商场的经理刘某,两人就购销某某公司的电器产品一事进行了商谈，苏某提出，只要愿意帮助销售某某公司的电器产品，将给予其8%的回扣作为答谢。刘某为丰厚的回扣所诱惑，答应购买某某公司价值20万元的电器产品，包括小型收录机、变压器、耳机等。合同签订后，苏某即将16000元交到刘某手中。某某公司的电器产品于几日后由公司送往百货商场。

【案例评析】本案涉及苏某的回扣行为是否构成不正当竞争及其法律责任问题。第一，苏某的回扣行为已经构成不正当竞争。所谓回扣，是指在市场交易过程中，经营者从所得价款中提取一定比例的现金或者额外以定额的方式支付给对方的货币，并不是所有的回扣都构成不正当竞争行为。《中华人民共和国反不正当竞争法》第8条规定："在账外给予对方单位或者个人回扣的，以行贿论处；对方单位或者个人在账外暗中收受回扣的，以受贿论处。"可见，只有在账外暗中回扣的行为，才是不正当竞争行为。而本案苏某以秘密的方式给予其对方16000元的回扣，而且没有入账，已经构成不正当竞争行为。第二，苏某应当承担相应的法律责任。根据《中华人民共和国反不正当竞争法》第22条的规定，经营者采用财物或其他手段进行贿赂以销售或购买商品构成犯罪的或者购买商品，构成犯罪的，依法追究刑事责任；不构成犯罪的，监督检查部门可以根据情节处以1万元以上20万元以下的罚款，违法所得的，予以没收。

第二节 反垄断法

一、垄断行为的概念

根据《反垄断法》第3条的规定，垄断行为，是指经营者达成垄断协议、经营者滥用市场支配地位或者具有或者可能具有排除、限制竞争效果的经营者集中。垄断行为是一种妨碍市场公平竞争、损害消费者利益、影响聚焦运行效率的行为。

二、我国《反垄断法》对经营者和管理者的要求

根据《反垄断法》的规定，经营者可以通过公平竞争、自愿联合，依法实施

集中,扩大经营规模,提高市场竞争能力。但是,具有市场支配地位的经营者,不得滥用市场支配地位,排除、限制竞争;国有经济占控制地位的关系国民经济命脉和国家安全的行业以及依法实行专营专卖的行业,应当依法经营,诚实守信,严格自律,接受社会公众的监督,不得利用其控制地位或者专营专卖地位损害消费者利益。行政机关和法律、法规授权的具有管理公共事务职能的组织不得滥用行政权力,排除、限制竞争。

三、垄断协议

垄断协议,是指排除、限制竞争的协议、决定或者其他协同行为。根据《反垄断法》的规定,法律明文禁止的垄断协议有两种:

一是禁止具有竞争关系的经营者达成下列垄断协议:(1)固定或者变更商品价格;(2)限制商品的生产数量或者销售数量;(3)分割销售市场或者原材料采购市场;(4)限制购买新技术、新设备或者限制开发新技术、新产品;(5)联合抵制交易;(6)国务院反垄断执法机构认定的其他垄断协议。

二是禁止经营者与交易相对人达成下列垄断协议:(1)固定向第三人转售商品的价格;(2)限定向第三人转售商品的最低价格;(3)国务院反垄断执法机构认定的其他垄断协议。

此外,《反垄断法》还规定,行业协会不得组织本行业的经营者从事法律禁止的垄断行为。

四、滥用市场支配地位

市场支配地位,是指经营者在相关市场内具有能够控制商品价格、数量或者其他交易条件,或者能够阻碍、影响其他经营者进入相关市场能力的市场地位。《反垄断法》第 17 条明确规定,禁止具有市场支配地位的经营者从事下列滥用市场支配地位的行为:(1)以不公平的高价销售商品或者以不公平的低价购买商品;(2)没有正当理由,以低于成本的价格销售商品;(3)没有正当理由,拒绝与交易相对人进行交易;(4)没有正当理由,限定交易相对人只能与其进行交易或者只能与其指定的经营者进行交易;(5)没有正当理由搭售商品,或者在交易时附加其他不合理的交易条件;(6)没有正当理由,对条件相同的交易相对人在交易价格等交易条件上实行差别待遇;(7)国务院反垄断执法机构认定的其他滥用市场支配地位的行为。

五、经营者集中

根据《反垄断法》第20条的规定，经营者集中是指下列情形：(1)经营者合并；(2)经营者通过取得股权或者资产的方式取得对其他经营者的控制权；(3)经营者通过合同等方式取得对其他经营者的控制权或者能够对其他经营者施加决定性影响。经营者集中达到国务院规定的申报标准的，经营者应当事先向国务院反垄断执法机构申报，未申报的不得实施集中。

六、滥用行政权力排除、限制竞争

根据《反垄断法》的规定，行政机关和法律、法规授权的具有管理公共事务职能的组织不得滥用行政权力，强制经营者从事本法规定的垄断行为：(1)限定或者变相限定单位或者个人经营、购买、使用其指定的经营者提供的商品。(2)妨碍商品在地区之间的自由流通：①对外地商品设定歧视性收费项目、实行歧视性收费标准，或者规定歧视性价格；②对外地商品规定与本地同类商品不同的技术要求、检验标准，或者对外地商品采取重复检验、重复认证等歧视性技术措施，限制外地商品进入本地市场；③采取专门针对外地商品的行政许可，限制外地商品进入本地市场；④设置关卡或者采取其他手段，阻碍外地商品进入或者本地商品运出；⑤妨碍商品在地区之间自由流通的其他行为。(3)以设定歧视性资质要求、评审标准或者不依法发布信息等方式，排斥或者限制外地经营者参加本地的招标投标活动。(4)采取与本地经营者不平等待遇等方式，排斥或者限制外地经营者在本地投资或者设立分支机构。(5)强制经营者从事本法规定的垄断行为。(6)制定含有排除、限制竞争内容的规定。

根据《反垄断法》的规定，行政机关和法律、法规授权的具有管理公共事务职能的组织滥用行政权力，实施排除、限制竞争行为的，由上级机关责令改正；对直接负责的主管人员和其他直接责任人员依法给予处分。反垄断执法机构可以向有关上级机关提出依法处理的建议。

思考题

1. 不正当竞争行为有哪些？

2. 垄断行为有哪些？

第十四章　产品质量和消费者权益保护法律制度

《产品质量法》与《消费者权益保护法》都是维护市场秩序，规范市场主体行为的重要法律，它们通过对经营者和生产的监督管理，制裁侵犯消费者合法权益的行为，以达到维护市场秩序，促进经济发展的目的。

第一节　产品质量法

产品质量法是调整在生产、流通和消费过程中因产品质量所发生的经济关系的法律规范的总称。

一、产品质量的监督

（一）我国产品质量监督的体制

产品质量监督旨在使产品的质量符合一定的标准或规格。

我国的产品质量监督体制，分为国务院和县级以上人民政府两级，每一级的产品质量监督部门均可以分为两类：一类是专门的产品质量监督部门，即隶属于各级人民政府的产品质量监督部门；另一类是各级人民政府的有关部门，如工商行政管理部门。

（二）产品质量监督管理制度

(1)产品质量抽查制度。对可能危及人体健康和人身、财产安全的产品，影响国计民生的重要工业产品以及消费者、有关组织反映有质量问题的产品进行抽查。抽查的样品应当在待销产品中随机抽取。检验抽取样品的数量不得超过检验的合理需要，并不得向被检查人收取检验费用。

(2)质量状况信息发布制度。国务院和省、自治区、直辖市人民政府的产品质量监督部门应当定期发布其监督抽查的产品的质量状况公告。

(3)企业质量体系认证制度及产品质量认证制度。企业根据自愿原则可以向认证机构申请企业质量体系认证。经认证合格的，由认证机构颁发企业质量体系认证证书。企业根据自愿原则可以向认证机构申请产品质量认证。经认证合格的，由认证机构颁发产品质量认证证书。准许企业在产品或者其包装上使用相应的标志和证书。

二、生产者、销售者的产品质量义务

(一)生产者的产品质量义务

(1)生产者的产品质量应当符合下列要求：①不存在危及人身、财产安全的不合理的危险，有保障人体健康和人身、财产安全的国家标准、行业标准的，应当符合该标准；②具备产品应当具备的使用性能，但是，对产品存在使用性能的瑕疵作出说明的除外；③符合在产品或者其包装上注明采用的产品标准，符合以产品说明、实物样品等方式表明的质量状况。

(2)应当符合下列要求：①普通产品，应该有产品质量检验合格证明；有中文标明的产品名称、生产厂厂名和厂址；根据产品的特点和使用要求，需要标明产品规格、等级、所含主要成分的名称和含量的，相应予以标明；限期使用的产品，标明生产日期和安全使用期限或者失效日期；使用不当，容易造成产品本身损坏或者可能危及人身、财产安全的产品，有警示标志或者中文警示说明。②特殊产品的要求。易碎、易燃、易爆、有毒、有腐蚀性、有放射性等危险物品以及储运中不能倒置以及有其他特殊要求的产品，其包装质量必须符合相应要求，依照国家有关规定作出警示标志或者中文警示说明，标明储运注意事项。

(3)生产者必须遵守国家有关的规定：①不得生产国家明令淘汰的产品；②不得伪造产地，不得伪造或者冒用他人的厂名、厂址；③不得伪造或者冒用认证标志等质量标志；④生产产品，不得掺杂、掺假，不得以假充真、以次充好，不得以不合格产品冒充合格产品。

(二)销售者的产品质量义务

我国的产品责任制度不但将制造者作为产品责任的义务主体，而且也允许受害者直接请求销售者承担产品责任。

销售者的产品质量义务具体规定如下：(1)销售者应当执行进货检查验收制度，验明产品合格证明和其他标准；(2)销售者应当采取措施，保证销售产品的质量；(3)销售者销售的产品的标识应当符合规定；(4)销售者不得销售国家明令淘汰并停止销售的产品和失效、变质的产品；(5)销售者不得伪造产地，不得伪造或者冒用他人的厂名、厂址；(6)销售者不得伪造或者冒用认证标志、名优标志等质量标志；(7)销售者销售产品，不得掺杂、掺假，不得以假充真、以次充好，不得以不合格产品冒充合格产品。

第二节　消费者权益保护法

一、消费者权益保护法概述

消费者权益保护法，是有关消费者权益保护的法律规范的总称。消费者权益保护法主要调整围绕保障消费者的物质、文化消费权益而产生的以下两方面社会关系：一是消费者与经营者之间的关系，即消费者为生活消费需要购买、使用商品或接受服务与经营者之间发生的关系；二是消费者与国家之间的关系，即围绕保障消费者权益而发生的消费者与国家的关系。

消费者权益保护法的基本原则如下：(1)交易自愿、平等、公平、诚实信用的原则；(2)国家保护消费者合法权益不受侵害的原则；(3)全社会共同保护消费者合法权益的原则。

二、消费者的权利

根据我国《消费者权益保护法》的规定，消费者，是指为生活消费需要而购买、使用商品或者接受服务的个人。消费者具有下列法律特征：(1)消费者必须是为“生活消费需要”而购买或使用商品或接受服务；(2)消费者只能是个人，单位不属于消费者的范畴。

消费者权利，是指消费者根据《消费者权益保护法》的规定，在消费领域中享有的各种权利。它是消费者利益在法律上的表现。根据《消费者权益保护法》的规定，消费者有以下10项权利：(1)安全权；(2)知情权；(3)自主选择权；(4)公平交易权；(5)求偿权；(6)结社权；(7)获知权；(8)人格尊严和民族风俗习惯受尊重权;(9)监督批评权;(10)无理由退货权。

三、经营者的义务

经营者,是向消费者提供其生产、销售的商品或者提供服务的单位和个人,它是以营利为目的从事生产经营活动并与消费者相对应的另一方当事人。在消费法律关系中,经营者是与消费者相对应的主体。消费者所享有的权利,从某种意义上讲就是经营者的义务。经营者的义务是经营者在经营活动中应履行的法律上的义务,具体包括:(1)依法定或者约定履行义务;(2)接受消费者监督的义务;(3)保证商品和服务安全的义务;(4)提供商品和服务真实信息的义务;(5)标明真实名称和标记的义务;(6)出具购货凭证或服务单据的义务;(7)保证商品或者服务质量的义务;(8)履行"三包"或者其他责任的义务;(9)不得单方排除或限制消费者权利的义务;(10)不得侵犯消费者人格权的义务;(11)返还消费者退货价款的义务;(12)保障消费者个人信息不被泄露的义务。

四、经营者侵犯消费者权利应承担的法律责任

(一)民事责任

经营者提供商品或者服务,给消费者造成财产损失的,所应承担的民事责任包括:(1)修理、重作、更换;(2)经营者对消费者未尽到安全保障义务,造成消费者损害的,应当承担侵权责任;(3)退货;(4)补足商品数量;(5)退还货款和服务费;(6)赔偿损失。

(二)其他法律责任

经营者提供商品或者服务,给消费者造成损失的,除承担相应的民事责任外,其他有关法律、法规对处罚机关和处罚方式有规定的,依照法律、法规的规定执行;法律、法规未作规定的,由工商行政管理部门或者其他有关行政部门责令改正,可以根据情节单处或者并处警告、没收违法所得、处以违法所得1倍以上10倍以下的罚款,没有违法所得的,处以50万元以下的罚款;情节严重的,责令停业整顿、吊销营业执照。

以案释法

耐用商品出故障，“举证责任倒置”成功维权

【案情介绍】 2014 年 4 月 13 日东港区消协接到宋某的投诉，称在海区路某品牌专卖店购买了一辆价值 3000 元的电动自行车，使用三天后，频繁出现断电故障，并多次找到经营者维修。宋某质疑电动自行车存在质量问题，向经营者提出退货要求。经营者则以电动自行车已经维修过多次，况且宋某在没有经过有关部门进行鉴定检测的情况下无法证明电动自行车属于质量问题为由，坚决不同意退货，只同意维修。无奈之下，宋某向东港消协提出维护消费者合法权益的请求。

【案例评析】 本案适用《消费者权益保护法》规定的权利、义务。《消费者权益保护法》第 23 条第 3 款规定：“经营者提供的机动车、计算机、电视机、、冰箱、空调器、洗衣机等耐用商品或装饰装修等服务，消费者自接受商品或者服务之日起六个月内发现瑕疵，发生争议的，由经营者承担有关瑕疵的举证责任。”电动自行车应当属于技术构造较复杂、含有一定技术含量的耐用商品，而消费者缺乏相应的专业知识，难以发现一些隐蔽性的质量瑕疵。在购买并适用商品过程中频发断电故障属于性能故障，经多次维修均未能保障消费者的正常使用需求。同时，在行车过程中可能难以避免会出现因为此类故障导致处置突发情况不当而造成的交通事故，为消费者和其他交通参与者人身、财产安全埋下隐患。因此，耐用商品的举证责任应当由经营者承担。

思考题

1. 生产者的产品质量义务有哪些？
2. 消费者有哪些权利？

第十五章　文化法律制度

《中共中央关于全面推进依法治国若干重大问题的决定》强调，建立健全坚持社会主义先进文化前进方向、遵循文化发展规律、有利于激发文化创造活力、保障人民基本文化权益的文化法律制度，并对制定公共文化服务保障法、文化产业促进法、互联网领域立法等提出明确要求。这一部署明确了我国文化法制建设的性质方向和重点任务，为加强文化立法、完善文化法律制度提供了基本遵循。

第一节　文化法律制度概述

一、加强文化法律制度建设的必要性

文化法律制度，是中国特色社会主义法治的重要组成部分，是党在宣传文化领域依法执政的具体体现。加强文化立法、完善文化法律制度，不仅是推进文化建设的题中应有之义，也是深化文化体制改革的重要内容，对推动社会主义文化大发展大繁荣、增强国家文化软实力具有十分重要的意义。

（一）建立健全文化法律制度是全面落实依法治国方略的必然要求

依法治国是我们党治国理政的基本方略。文化建设是中国特色社会主义现代化事业五位一体总体布局的重要组成部分，文化法律制度是中国特色社会主义法律体系不可或缺的重要内容。没有完善的文化法律法规，就不可能形成完备的中国特色社会主义法律体系，依法治国的基本方略也不可能得到全面贯彻落实。目前，文化领域立法相对滞后，与建设社会主义法治国家的要求不相适应，与国家不断推进法治建设的整体进程不相适应。必须进一步加

快文化领域立法步伐，推动文化领域的建设和管理走上制度化、规范化轨道。

（二）建立健全文化法律制度是提高文化工作科学化水平的重要途径

提高文化工作科学化水平，需要从多方面努力。其中，加强立法工作，充分发挥法律法规的规范和引领作用，是一个十分重要的方面。文化法律法规是对文化建设规律的概括和总结，相对于文化政策而言更具有稳定性、规范性和强制性。

（三）建立健全文化法律制度是推动社会主义文化大发展大繁荣的重要保障

社会主义文化大发展大繁荣，既需要政策指引、改革推动，也需要法治保驾护航。人民群众的基本文化权益，需要通过立法来确认和保障；国家鼓励扶持文化事业和文化产业发展的政策措施，需要通过立法进一步制度化、规范化；各级政府在文化建设中的责任，需要通过立法加以明确和强化；文化体制改革的成功经验和做法，需要以立法的形式加以固定化。加强文化领域立法、完善文化法律制度，不仅有利于加快文化事业、文化产业发展，而且有利于文化体制改革的深化和文化体制改革成果的巩固。

（四）建立健全文化法律制度是维护国家文化安全的有效手段

对我国实行“西化”“分化”，是境外敌对势力的一贯战略。近年来的一个突出特点，就是利用国际惯例和世贸组织规则，大量输出文化资本和文化产品。从近年来我国对外文化贸易争端及世贸组织裁决来看，我们同发达国家在文化领域的竞争经常表现为法律层面的较量，掌握和运用法律武器的能力，已经成为成败得失的关键。面对激烈的国际文化竞争和严峻的意识形态挑战，特别是我国对外开放不断扩大后文化领域出现的新情况新问题，如果不尽快做好立法方面的准备，建立健全相关法律制度，就难以有效抵御境内外敌对势力的文化渗透，难以在文化软实力竞争中赢得主动。

二、建立健全文化法律制度的措施

总结近年来文化领域立法工作，针对当前存在的突出问题，建立健全文化法律制度要着重做好以下几方面的工作。

（一）提高思想认识，进一步增强紧迫感

必须看到，随着改革的深入和事业的拓展，文化领域自身的管理与过去已经有很大不同。不但要管事业，还要管产业；工作对象不仅有体制内的，还有体制外的；系统内部不仅有党政机关、事业单位，还有大量刚刚转制的企业；而文化企业中既有国有的，也有民营的，还有股份制的。做好面向全社会的文化管理工作，仅靠红头文件、行政手段、传统管理方式已远远不够，必须学会运用包括法律手段在内的多种手段进行综合管理。

（二）健全工作机制，提高文化领域立法的科学化水平

立法是十分严肃的事情，必须建立完善科学的工作机制，不断提高立法质量。一是调研机制。广泛深入的调查研究是立法的第一道工序，任何一部法律法规的起草、修改、出台都应当建立在充分调研的基础上。二是征求意见机制。这是立法工作必经的民主程序，有的法律法规要在全系统反复讨论，有的则需要面向全社会征求意见。三是沟通协调机制。应当充分发挥文化立法协调机制的作用，加强与全国人大、国务院相关部门的沟通联系，加强中央宣传文化单位之间的沟通协调，及时研究有关重大和敏感问题，及时解决法律规范之间的矛盾和冲突问题，确保各项法律法规从精神到原则、从形式到内容、从概念到规范相互衔接、彼此协调。四是专家论证机制。要组建文化立法专家库，联系一批法律专家学者，每一项法律法规的制定都要向专家咨询、请专家论证。

（三）加强总体谋划，形成文化领域立法总体战略和中长期规划

立法是长线工作，一部法律法规出台往往需要几年甚至十几年时间，需要总体把握、超前谋划。一方面，要组织主管部门、立法机关、执法单位的研究力量和社科研究机构、高校的专家学者，对改革开放以来特别是党的十六大以来文化领域立法工作进行全面总结和评估，对国外相关情况和成功经验进行系统考察和了解，对文化立法工作的原则、思路、总体取向进行研究论证，提出对策建议。另一方面，要结合编制“十三五”规划，制定新的文化立法中长期规划，明确今后五到十年文化领域立法的重点项目和时间进度。要加大对文化立法相关研究工作的支持，把文化领域立法总体战略研究纳入马克思主义理论研究和建设工程，把相关重点课题、重要立法调研纳入哲学社会科学基金重点项目，加大资助力度，组织力量合力攻关。

（四）按照循序渐进原则，积极推进文化领域立法进程

对当前文化改革发展急需的法律法规，如公共文化服务保障法、文化产业

促进法、国家勋章和国家荣誉称号法等，要抓紧提出立法建议，组织、协调各方面力量抓紧研究起草。要加快互联网领域立法步伐，完善网络信息服务、网络安全保护、网络社会管理等方面的法律法规，依法规范网络行为。对目前讨论、制定中的法律法规，要抓紧工作，争取尽快出台。对列入国务院近期立法规划的法律法规，要抓紧组织修改完善，争取按计划完成任务。对那些难度较大又事关重大的法律法规，要适时启动调研工作，进行必要的研讨和论证。

（五）充实机构队伍，为加强文化领域立法工作提供组织保障

无论是立法滞后，还是立法质量不高，归根到底是人才队伍问题。现在文化领域立法任务越来越重，立法机构不健全、工作人员少的矛盾非常突出。必须进一步健全各部门法规机构，适当调配编制、充实力量，特别是要吸收一批法律专业的大学毕业生、研究生。同时，要抓好后备人才培养，把文化法律人才培养纳入"四个一批"人才培养工程，参照新闻传播能力建设的做法，选择部分高校培养硕士研究生，不断壮大文化法律专家队伍，为推动立法工作提供智力、学理支持。[①]

第二节　文物保护法

一、文物保护法概述

为了加强对文物的保护，继承中华民族优秀的历史文化遗产，促进科学研究工作，进行爱国主义和革命传统教育，建设社会主义精神文明和物质文明，1982 年 11 月 19 日，第五届全国人民代表大会常务委员会第二十五次会议通过了《中华人民共和国文物保护法》。2013 年 6 月 29 日第十二届全国人民代表大会常务委员会第三次会议对其进行了修正。

文物工作贯彻保护为主、抢救第一、合理利用、加强管理的方针。在中华人民共和国境内，下列文物受国家保护：(1)具有历史、艺术、科学价值的古文化遗址、古墓葬、古建筑、石窟寺和石刻、壁画；(2)与重大历史事件、革命运动或者著名人物有关的以及具有重要纪念意义、教育意义或者史料价值的近代

① 参见《光明日报》2014 年 11 月 04 日 01 版。

现代重要史迹、实物、代表性建筑;(3)历史上各时代珍贵的艺术品、工艺美术品;(4)历史上各时代重要的文献资料以及具有历史、艺术、科学价值的手稿和图书资料等;(5)反映历史上各时代、各民族社会制度、社会生产、社会生活的代表性实物。

二、文物的分类

古文化遗址、古墓葬、古建筑、石窟寺、石刻、壁画、近代现代重要史迹和代表性建筑等不可移动文物,根据它们的历史、艺术、科学价值,可以分别确定为全国重点文物保护单位,省级文物保护单位,市、县级文物保护单位。历史上各时代重要实物、艺术品、文献、手稿、图书资料、代表性实物等可移动文物,分为珍贵文物和一般文物;珍贵文物分为一级文物、二级文物、三级文物。

三、文物的归属

中华人民共和国境内地下、内水和领海中遗存的一切文物,属于国家所有。古文化遗址、古墓葬、石窟寺属于国家所有。国家指定保护的纪念建筑物、古建筑、石刻、壁画、近代现代代表性建筑等不可移动文物,除国家另有规定的以外,属于国家所有。国有不可移动文物的所有权不因其所依附的土地所有权或者使用权的改变而改变。下列可移动文物,属于国家所有:(1)中国境内出土的文物,国家另有规定的除外;(2)国有文物收藏单位以及其他国家机关、部队和国有企业、事业组织等收藏、保管的文物;(3)国家征集、购买的文物;(4)公民、法人和其他组织捐赠给国家的文物;(5)法律规定属于国家所有的其他文物。属于国家所有的可移动文物的所有权不因其保管、收藏单位的终止或者变更而改变。国有文物所有权受法律保护,不容侵犯。

文物收藏单位以外的公民、法人和其他组织可以收藏通过下列方式取得的文物:(1)依法继承或者接受赠与;(2)从文物商店购买;(3)从经营文物拍卖的拍卖企业购买;(4)公民个人合法所有的文物相互交换或者依法转让;(5)国家规定的其他合法方式。文物收藏单位以外的公民、法人和其他组织收藏的前款文物可以依法流通。

第三节　著作权法

著作权,也称版权,是指作者的权利以及与著作权有关的权利。

一、著作权的客体

(一)作品的概念和范围

著作权的客体指受著作权法保护的文学、艺术和科学作品。著作权法所称的作品,包括以下列形式创作的文学、艺术和自然科学、社会科学、工程技术等作品:(1)文字作品;(2)口述作品;(3)音乐、戏剧、曲艺、舞蹈、杂技艺术作品;(4)美术、建筑作品;(5)摄影作品;(6)电影作品和以类似摄制电影的方法创作的作品;(7)工程设计图、产品设计图、地图、示意图等图形作品和模型作品;(8)计算机软件;(9)法律、行政法规规定的其他作品。

(二)不适用著作权保护的作品

《著作权法》第 5 条规定了著作权法的适用除外条款,即立法、行政和司法性质的文件,时事新闻,历法、通用数表、通用表格和公式不适用著作权法。

二、著作权的主体

著作权的主体包括:(1)作者;(2)演绎作品的著作权人;(3)合作作品的著作权人;(4)汇编作品的著作权人;(5)电影作品和以类似摄制电影的方法创作的作品的著作权人;(6)单位作品的著作权人;(7)委托作品的著作权人;(8)美术作品的著作权人;(9)著作权的继承人或承受人。

三、著作权的主要内容

根据《著作权法》第 10 条的规定,著作权包括下列人身权和财产权:(1)发表权;(2)署名权;(3)修改权;(4)保护作品完整权;(5)复制权;(6)发行权;(7)出租权;(8)展览权;(9)表演权;(10)放映权;(11)广播权;(12)信息网络传播权;(13)摄制权;(14)改编权;(15)翻译权;(16)汇编权;(17)应当由著作权人享有的使用作品的其他权利。

四、著作权的保护期和对著作权的限制

根据《著作权法》的规定,作者的署名权、修改权、保护作品完整权的保护

期不受限制。对发表权和著作财产权的保护期为作者终生及其死亡后50年；法人或者其他组织的作品、著作权（署名权除外）由法人或者其他组织享有的职务作品，其发表权和著作财产权的保护期为50年，但作品自创作完成后50年内未发表的，不保护。电影作品和以类似摄制电影的方法创作的作品、摄影作品，其发表权和著作财产权的保护期也为50年，但作品自创作完成后50年内未发表的，不受保护。

以案释法

修改出版旧书要注意该书是否还在法律保护期内

【案情介绍】高某家中珍藏一本《成功的秘密》。该书1926年由上海东海书店出版，作者赵某，书中引用了大量翔实的材料，对古今中外的成功伟人做了全面细致的分析。由于该书介绍的创业、立业、守业以及做人、做事、处世的道理很有价值，2013年高某打算将此书重新修改、编辑后出版，并署原作者和修改者的姓名。

【案例评析】高某要修改、编辑家传旧书，必须首先了解该书是否还在著作权法规定的保护期内。根据《著作权法》第20条、第21条的相关规定，公民的作品，除其署名权、修改权和保护作品完整权的保护期不受限制外，其余的著作权保护期为作者终生及其死亡后50年。如果《成功的秘密》一书还在著作权保护期内，根据著作权法规定，高某修改、编辑该书就必须征得作者赵某或者其继承人的许可并向其支付报酬。从该书的出版时间来分析，该书出版于1926年，作者赵某此时可能已经不在人世，该作品亦可能已经超过著作权法的保护期限。如果该作品已经超过著作权法规定的保护期，那么高某修改和编辑该书就不必得到许可，亦不必支付报酬。但是，高某必须注意不能随意修改和歪曲该书，并应尊重作者赵某的署名权。

思考题

1. 建立健全文化法律制度的措施有哪些？
2. 著作权的主要内容有哪些？

第五篇　学习保障和改善民生相关法律法规

第十六章　教育法律制度

教育是社会主义现代化建设的基础，国家保障教育事业优先发展。国家应坚持以马克思列宁主义、毛泽东思想和建设有中国特色社会主义理论为指导，遵循宪法确定的基本原则，发展社会主义的教育事业。全社会都应当关心和支持教育事业的发展。

第一节　教育法

一、教育法概述

为了发展教育事业，提高全民族的素质，促进社会主义物质文明和精神文明建设，1995 年 3 月 18 日第八届全国人民代表大会第三次会议通过了《中华人民共和国教育法》。2015 年 12 月 27 日第十二届全国人民代表大会常务委员会第十八次会议对其进行了第二次修正。

教育必须为社会主义现代化建设服务、为人民服务，必须与生产劳动和社会实践相结合，培养德、智、体、美等方面全面发展的社会主义建设者和接班人。

教育应当坚持立德树人，对受教育者加强社会主义核心价值观教育，增强受教育者的社会责任感、创新精神和实践能力。国家在受教育者中进行爱国主义、集体主义、中国特色社会主义的教育，进行理想、道德、纪律、法治、国防和民族团结的教育。教育应当继承和弘扬中华民族优秀的历史文化传统，吸收人类文明发展的一切优秀成果。教育活动必须符合国家和社会公共利益。

二、教育基本制度

（一）学前教育、初等教育、中等教育、高等教育的学校教育制度

国家实行学前教育、初等教育、中等教育、高等教育的学校教育制度。国家建立科学的学制系统。学制系统内的学校和其他教育机构的设置、教育形式、修业年限、招生对象、培养目标等，由国务院或者由国务院授权教育行政部门规定。

（二）九年制义务教育制度

国家实行九年制义务教育制度。各级人民政府采取各种措施保障适龄儿童、少年就学。适龄儿童、少年的父母或者其他监护人以及有关社会组织和个人有义务使适龄儿童、少年接受并完成规定年限的义务教育。

（三）职业教育制度和继续教育制度

国家实行职业教育制度和继续教育制度。各级人民政府、有关行政部门和行业组织以及企业事业组织应当采取措施，发展并保障公民接受职业学校教育或者各种形式的职业培训。

（四）国家教育考试制度

国家实行国家教育考试制度。国家教育考试由国务院教育行政部门确定种类，并由国家批准的实施教育考试的机构承办。

（五）学业证书制度

国家实行学业证书制度。经国家批准设立或者认可的学校及其他教育机构按照国家有关规定，颁发学历证书或者其他学业证书。

（六）学位制度

国家实行学位制度。学位授予单位依法对达到一定学术水平或者专业技术水平的人员授予相应的学位，颁发学位证书。

三、学校及其他教育机构

国家制定教育发展规划，并举办学校及其他教育机构。

(一)学校及其他教育机构的设立条件

设立学校及其他教育机构，必须具备下列基本条件：(1)有组织机构和章程；(2)有合格的教师；(3)有符合规定标准的教学场所及设施、设备等；(4)有必备的办学资金和稳定的经费来源。学校及其他教育机构的设立、变更和终止，应当按照国家有关规定办理审核、批准、注册或者备案手续。

(二)学校及其他教育机构的权利

学校及其他教育机构行使下列权利：(1)按照章程自主管理；(2)组织实施教育教学活动；(3)招收学生或者其他受教育者；(4)对受教育者进行学籍管理，实施奖励或者处分；(5)对受教育者颁发相应的学业证书；(6)聘任教师及其他职工，实施奖励或者处分；(7)管理、使用本单位的设施和经费；(8)拒绝任何组织和个人对教育教学活动的非法干涉；(9)法律、法规规定的其他权利。国家保护学校及其他教育机构的合法权益不受侵犯。

(三)学校及其他教育机构的义务

学校及其他教育机构应当履行下列义务：(1)遵守法律、法规；(2)贯彻国家的教育方针，执行国家教育教学标准，保证教育教学质量；(3)维护受教育者、教师及其他职工的合法权益；(4)以适当方式为受教育者及其监护人了解受教育者的学业成绩及其他有关情况提供便利；(5)遵照国家有关规定收取费用并公开收费项目；(6)依法接受监督。

四、教师和其他教育工作者

教师享有法律规定的权利，履行法律规定的义务，忠诚于人民的教育事业。国家保护教师的合法权益，改善教师的工作条件和生活条件，提高教师的社会地位。教师的工资报酬、福利待遇，依照法律、法规的规定办理。国家实行教师资格、职务、聘任制度，通过考核、奖励、培养和培训，提高教师素质，加强教师队伍建设。

学校及其他教育机构中的管理人员，实行教育职员制度。学校及其他教育机构中的教学辅助人员和其他专业技术人员，实行专业技术职务聘任制度。

五、受教育者

受教育者在入学、升学、就业等方面依法享有平等权利。学校和有关行政部门应当按照国家有关规定，保障女子在入学、升学、就业、授予学位、派出留学等方面享有同男子平等的权利。

(一)受教育者的权利

受教育者享有下列权利：(1)参加教育教学计划安排的各种活动，使用教育教学设施、设备、图书资料；(2)按照国家有关规定获得奖学金、贷学金、助学金；(3)在学业成绩和品行上获得公正评价，完成规定的学业后获得相应的学业证书、学位证书；(4)对学校给予的处分不服向有关部门提出申诉，对学校、教师侵犯其人身权、财产权等合法权益，提出申诉或者依法提起诉讼；(5)法律、法规规定的其他权利。

(二)受教育者的义务

受教育者应当履行下列义务：(1)遵守法律、法规；(2)遵守学生行为规范，尊敬师长，养成良好的思想品德和行为习惯；(3)努力学习，完成规定的学习任务；(4)遵守所在学校或者其他教育机构的管理制度。

第二节　义务教育法

一、义务教育法概述

为了保障适龄儿童、少年接受义务教育的权利，保证义务教育的实施，提高全民族素质，全国人民代表大会常务委员会制定了《中华人民共和国义务教育法》。

义务教育是国家统一实施的所有适龄儿童、少年必须接受的教育，是国家必须予以保障的公益性事业。国家实行九年义务教育。

义务教育必须贯彻国家的教育方针，实施素质教育，提高教育质量，使适龄儿童、少年在品德、智力、体质等方面全面发展，为培养有理想、有道德、有文化、有纪律的社会主义建设者和接班人奠定基础。凡具有中华人民共和国国籍的适龄儿童、少年，不分性别、民族、种族、家庭财产状况、宗教信仰等，依法享有平等接受义务教育的权利，并履行接受义务教育的义务。

二、学生、学校和教师

（一）学生

凡年满6周岁的儿童，其父母或者其他法定监护人应当送其入学接受并完成义务教育；条件不具备的地区的儿童，可以推迟到7周岁。适龄儿童、少年因身体状况需要延缓入学或者休学的，其父母或者其他法定监护人应当提出申请，由当地乡镇人民政府或者县级人民政府教育行政部门批准。适龄儿童、少年免试入学。

（二）学校

县级以上地方人民政府根据本行政区域内居住的适龄儿童、少年的数量和分布状况等因素，按照国家有关规定，制定、调整学校设置规划。新建居民区需要设置学校的，应当与居民区的建设同步进行。

各级人民政府及其有关部门依法维护学校周边秩序，保护学生、教师、学校的合法权益，为学校提供安全保障。

学校不得违反国家规定收取费用，不得以向学生推销或者变相推销商品、服务等方式谋取利益。学校不得分设重点班和非重点班。对违反学校管理制度的学生，学校应当予以批评教育，不得开除。

（三）教师

教师享有法律规定的权利，履行法律规定的义务，应当为人师表，忠诚于人民的教育事业。全社会应当尊重教师。

第三节　教师法

为了保障教师的合法权益，建设具有良好思想品德修养和业务素质的教师队伍，促进社会主义教育事业的发展，第八届全国人民代表大会常务委员会第四次会议通过了《中华人民共和国教师法》。

一、适用范围

《教师法》第2条规定："本法适用于在各级各类学校和其他教育机构中专

门从事教育教学工作的教师。"这里的"各级各类学校",是指实施学前教育、普通初中教育、普通高中教育、职业教育、普通高等教育以及特殊教育、成人教育的学校。这里的"其他教育机构",是指与中小学的教育、教学工作紧密联系的少年宫、地方中小学教研室、电化教育馆等教育机构。这里的"教师",是指在学校中传递人类文化科学知识和技能、进行思想品德教育,把受教育者培养成社会主义社会需要的专业人员。

二、教师的权利与义务

教师的权利与义务是基于教师的特定的职业性质而产生和存在的。因此,它具有在教育活动中产生并由教育法律规范所规定的特征。

(一)教师的权利

教师的权利是指教师依照《教师法》的规定所享有的权利,表现为教师可以自主作出一定的行为,或要求他人作出相应的行为,在必要的时候可请求国家以强制力保障其权利的实现。《教师法》第7条规定,教师享有下列权利:(1)进行教育教学活动,开展教育教学改革和实验;(2)从事科学研究、学术交流,参加专业的学术团体,在学术活动中充分发表意见;(3)指导学生的学习和发展,评定学生的品行和学业成绩;(4)按时获取工资报酬,享受国家规定的福利待遇以及寒暑假期的带薪休假;(5)对学校教育教学、管理工作和教育行政部门的工作提出意见和建议,通过教职工代表大会或者其他形式,参与学校的民主管理;(6)参加进修或者其他方式的培训。

(二)教师的义务

教师的义务是指教师依照《教师法》的规定所承担的必须履行的责任,表现为教师必须作出一定的行为或不得不作出一定的行为。《教师法》第8条规定,教师应当履行下列义务:(1)遵守宪法、法律和职业道德,为人师表;(2)贯彻国家的教育方针,遵守规章制度,执行学校的教学计划,履行教师聘约,完成教育教学工作任务;(3)对学生进行宪法所确定的基本原则的教育和爱国主义、民族团结的教育,法制教育以及思想品德、文化、科学技术教育,组织、带领学生开展有益的社会活动;(4)关心、爱护全体学生,尊重学生人格,促进学生在品德、智力、体质等方面全面发展;(5)制止有害于学生的行为或者其他侵犯学生合法权益的行为,批评和抵制有害于学生健康成长的现象;(6)不断提高思想政治觉悟和教育教学业务水平。

三、教师的资格和任用

教师的资格和任用制度是教师管理制度的重要内容。《教师法》在第三章对教师的资格条件、认定办法、过渡办法、职务制度、聘任制度等几个方面作了规定，构成了符合教育规律、符合教师劳动特点、适应社会主义市场经济发展需要的教师资格制度和任用制度。

（一）教师资格制度

教师资格制度是国家对教师实行的一种特定的职业资格认定制度，是公民获得教师工作应具备的特定条件和身份。《教育法》《教师法》都规定了国家实行教师资格制度。

1. 教师资格的构成要件

《教师法》第 10 条第 2 款规定："中国公民凡遵守宪法和法律，热爱教育事业，具有良好的思想品德，具备本法规定的学历或者国家教师资格考试合格，有教育教学能力，经认定合格的，可以取得教师资格。"教师资格构成要件包括国籍、品德、业务、学历和认定五个方面，缺一不可。

2. 教师资格的限制取得和丧失

教师的职业特点决定了对教师的思想品德、道德修养必然有很高的要求。《教师法》第 14 条明确规定："受到剥夺政治权利或者故意犯罪受到有期徒刑以上刑事处罚的，不能取得教师资格；已经取得教师资格的，丧失教师资格。"

（二）教师任用制度

《教师法》第 16 条中规定："国家实行教师职务制度。"教师职务制度是我国教师任用的重要制度，教师职务是专业技术职务。教师任用制度的实施，从法律的高度确定了教师地位及其职业的不可替代性，促使教师队伍建设走上规范化、法制化的轨道，促进教师工资福利等待遇的改善，为优秀教师脱颖而出创造条件。这对于充分调动和发挥广大教师为社会主义教育事业服务的积极性、创造性具有巨大的推动作用。

（三）教师聘任制度

《教师法》第 17 条规定，"学校和其他教育机构应当逐步实行教师聘任制"。

教师聘任制是学校与教师在遵循双方地位平等的原则下，签订聘任合同，明确规定双方的权利、义务和责任的一种制度，它是在当前为适应社会主义市场经济发展而进行的教师任用制度改革的重要组成部分。

四、教师的待遇

教师的待遇，是指教师的工资、津贴、住房、医疗、退休等方面的总和。

（一）工资

《教师法》第25条规定："教师的平均工资水平应当不低于或者高于国家公务员的平均工资水平，并逐步提高，建立正常的晋级增薪制度。具体办法由国务院规定。"这一规定体现了教师工资应提高的目标。

（二）住房

《教师法》第28条规定："地方各级人民政府和国务院有关部门，对城市教师住房的建设、租赁、出售实行优先、优惠。县、乡两级人民政府应当为农村中小学教师解决住房提供方便。"《教师法》《教育法》将解决教师住房问题的政策上升为法律，体现了国家要解决教师住房困难的决心，也为各级政府和主管部门提供了执行教师住房优惠方面的法律依据。

（三）医疗保健

《教师法》第29条规定："教师的医疗同当地国家公务员享受同等的待遇；定期对教师进行身体健康检查，并因地制宜安排教师进行休养。医疗结构应当对当地教师的医疗提供方便。"医疗保健是教师生命健康的重要保证。法律将教师的医疗保健规定为同当地国家公务员享受同等的待遇，从而使教师的医疗保健得到法律的保障。

（四）养老保险

《教师法》第30条规定："教师退休或退职后，享受国家规定的退休或者退职待遇。县级以上地方人民政府可以适当提高长期从事教育教学工作的中小学退休教师的退休金比例。"教师在其退休离职后，国家给予良好的安置，是社会对教师的尊敬和回报。

思考题

1. 我国教育有哪些基本制度？

2. 教师的权利与义务有哪些？

第十七章　就业和社会保障法律制度

在我国，社会法主要指劳动和社会保障法律制度，具体包括劳动就业、工资福利、社会保险、社会救济、安全生产、特殊保障等方面的法律。党的十八届四中全会指出，人民是依法治国的主体和力量源泉。必须坚持法治建设为了人民、依靠人民、造福人民、保护人民，以保障人民根本权益为出发点和落脚点，保证人民依法享有广泛的权利和自由、承担应尽的义务，维护社会公平正义，促进共同富裕。

第一节　劳动法和劳动合同法

一、劳动者的权利与义务

（一）劳动者的权利

根据《劳动法》规定，劳动者享有以下权利：(1)平等就业和选择职业的权利；(2)取得劳动报酬的权利；(3)休息休假的权利；(4)获得劳动安全卫生保护的权利；(5)接受职业技能培训的权利；(6)享受社会保险和福利的权利；(7)提请劳动争议处理的权利；(8)法律规定的其他劳动权利。

（二）劳动者的义务

劳动者应当履行以下义务：(1)完成劳动任务；(2)提高职业技能；(3)执行劳动安全卫生规程；(4)遵守劳动纪律；(5)讲究职业道德。

二、劳动合同

(一)劳动合同的订立

1.劳动合同订立的原则

根据《劳动合同法》的规定,订立和变更劳动合同必须遵循下列原则:(1)合法原则;(2)公平原则;(3)平等自愿、协商一致原则;(4)诚实信用原则。

2.劳动合同订立的必备条款、约定条款和试用期

(1)必备条款包括:①用人单位的名称、住所和法定代表人或者主要负责人;②劳动者的姓名、住址和居民身份证或者其他有效身份证件号码;③劳动合同期限;④工作内容和工作地点;⑤工作时间和休息休假;⑥劳动报酬;⑦社会保险;⑧劳动保护、劳动条件和职业危害防护;⑨法律、法规规定应当纳入劳动合同的其他事项。

(2)约定条款,是指除法定必备条款外劳动合同当事人可以协商约定、也可以不约定的条款。劳动合同的约定条款一般包括:试用期条款、培训条款、保守商业秘密条款、补充保险和福利待遇等其他事项的条款。

(3)《劳动合同法》根据劳动合同的期限规定了不同时间长短的试用期。劳动合同期限3个月以上不满1年的,试用期不得超过1个月;劳动合同期限1年以上不满3年的,试用期不得超过2个月;3年以上固定期限和无固定期限的劳动合同,试用期不得超过6个月。

(二)劳动合同的解除

劳动合同的解除,是指劳动合同当事人在劳动合同期限届满之前依法提前终止劳动合同关系的法律行为。劳动合同的解除可分为协商解除、用人单位单方解除、劳动者单方解除等。

(1)双方协商解除劳动合同,即用人单位与劳动者协商一致,可以解除劳动合同。我国劳动合同法对双方协商解除劳动合同没有规定实体、程序上的限定条件,只要双方达成一致,内容、形式、程序没有违反法律禁止性、强制性规定,该解除行为有效。

(2)用人单位单方解除劳动合同,即具备法律规定的条件时,用人单位享有单方解除权,无须双方协商达成一致意见。用人单位单方解除劳动合同,应当事先将理由通知工会。用人单位违反法律、行政法规规定或者劳动合同约定的,工会有权要求用人单位纠正。用人单位应当研究工会的意见,并将处理结

果书面通知工会。

(3)劳动者单方解除劳动合同,即具备法律规定的条件时,劳动者享有单方解除权,无须双方协商达成一致意见,也无须征得用人单位的同意。劳动者单方解除劳动合同有两种情况:①预告解除;②用人单位有违法、违约情形,劳动者有权单方解除劳动合同。

(三)劳动合同的终止

劳动合同的终止,是指符合法律规定情形时,双方当事人的权利义务不复存在,劳动合同的效力即行消灭。

1. 劳动合同终止的情形

劳动合同终止不存在约定终止,只有法定终止。有下列情形之一的,劳动合同终止:(1)劳动合同期满的;(2)劳动者开始依法享受基本养老保险待遇的;(3)劳动者死亡,或者被人民法院宣告死亡或者宣告失踪的;(4)用人单位被依法宣告破产的;(5)用人单位被吊销营业执照、责令关闭、撤销或者用人单位决定提前解散的;(6)法律、行政法规规定的其他情形。

2. 劳动合同不得终止的情形

《劳动合同法》对某些劳动者特殊保护,规定在劳动者有下列情形之一的,劳动合同到期也不得终止,应当续延至相应的情形消失时终止:(1)从事接触职业病危害作业的劳动者未进行离岗前职业健康检查,或者疑似职业病病人在诊断或者医学观察期间的;(2)患病或者非因工负伤,在规定的医疗期内的;(3)女职工在孕期、产期、哺乳期的;(4)在本单位连续工作满 15 年,且距法定退休年龄不足 5 年的;(5)法律、行政法规规定的其他情形。在本单位患职业病或者因工负伤并被确认丧失或者部分丧失劳动能力的劳动者的劳动合同的终止,按照国家有关工伤保险的规定执行。

以案释法

一般情况下劳动者离职无须支付违约金

【案情介绍】小张是某公司的职工,与该公司签订了为期 3 年的合同,合同虽然仅几十条,却规定了 10 多项违约金条款,有一项是如果小张在合同期内离职的话,需一次性支付 5 万元违约金。工作 1 年后,小张发现了另一家公司相同的岗位在招人，开出的条件和待遇都比现在的单位好很多。他想离职，但面对巨额违约金，又陷入了深深的苦恼之中。

【案例评析】《劳动法》对于劳动合同违约金的问题基本上没有涉及，而是交给用人单位和劳动者协商解决。为防止劳动者离职，不少用人单位都规定了高额违约金。为此，《劳动合同法》对违约金进行了规范，规定只有在两种情况下，用人单位才可与劳动者约定由劳动者承担违约金：第一种情况是用人单位为劳动者提供专项培训费用，对其进行专业技术培训的，与该劳动者订立协议，约定服务期后，如果劳动者违反服务期约定的，应当按照约定向用人单位支付违约金。第二种情况是用人单位与负有保密义务的劳动者在劳动合同或者保密协议中约定了竞业限制条款后，如果劳动者违反竞业限制约定的，应当按照约定向用人单位支付违约金。

由此可见，除上述两种情况外，其余一切情况包括劳动者离职都不再需要向用人单位支付违约金了。因此，依据《劳动合同法》的规定，该公司约定的高额违约金是无效的，小张的只要按照正常程序来办理离职就可以了。

第二节　社会保险法

一、社会保险概述

（一）我国社会保险制度的基本框架

《社会保险法》规定，国家建立基本养老保险、基本医疗保险、工伤保险、失业保险、生育保险等社会保险制度，保障公民在年老、疾病、工伤、失业、生育等情况下依法从国家和社会获得物质帮助的权利。(1)基本养老保险包括职工基本养老保险、新型农村社会养老保险和城镇居民社会养老保险；(2)基本医疗保险包括职工基本医疗保险、新型农村合作医疗和城镇居民基本医疗保险；(3)本法对工伤保险、失业保险和生育保险也分别单独成章，对其覆盖范围、资金来源、待遇项目和享受条件等作了具体规定。

（二）各项社会保险制度的覆盖范围

《社会保险法》将我国境内所有用人单位和个人都纳入了社会保险制度的覆盖范围，具体是：(1)基本养老保险制度和基本医疗保险制度覆盖了我国城乡全体居民；(2)工伤保险、失业保险和生育保险制度覆盖了所有用人单位及其职工；(3)被征地农民按照国务院规定纳入相应的社会保险制度；(4)在中国境内就业的外国人，也应当参照本法规定参加我国的社会保险。

二、基本养老保险

所谓养老保险，是国家和社会根据一定的法律和法规，为解决劳动者在达到国家规定的解除劳动义务的劳动年龄界限，或因年老丧失劳动能力退出劳动岗位后的基本生活而建立的一种社会保险制度。

(一)基本养老金的组成和数额

基本养老保险实行社会统筹与个人账户相结合。基本养老保险基金由用人单位和个人缴费以及政府补贴等组成。基本养老金根据个人累计缴费年限、缴费工资、当地职工平均工资、个人账户金额、城镇人口平均预期寿命等因素确定。

(二)基本养老金的领取额

参加基本养老保险的个人，达到法定退休年龄时累计缴费满 15 年的，按月领取基本养老金。参加基本养老保险的个人，达到法定退休年龄时累计缴费不足 15 年的，可以缴费至满 15 年，按月领取基本养老金；也可以转入新型农村社会养老保险或者城镇居民社会养老保险，按照国务院规定享受相应的养老保险待遇。

(三)基本养老保险关系的转移接续

个人跨统筹地区就业的，其基本养老保险关系随本人转移，缴费年限累计计算。个人达到法定退休年龄时，基本养老金分段计算、统一支付。

(四)农村社会养老保险

新型农村社会养老保险实行个人缴费、集体补助和政府补贴相结合。新型农村社会养老保险待遇由基础养老金和个人账户养老金组成。参加新型农村社会养老保险的农村居民，符合国家规定条件的，按月领取新型农村社会养老保险待遇。

三、基本医疗保险

所谓医疗保险，是指职工因疾病、伤残等原因需要治疗时，由国家和社会提供必要的医疗服务和物质帮助的一种社会保险制度。我国的基本医疗保险包括职工基本医疗保险、新型农村合作医疗保险和城镇居民基本医疗保险。

(一)医疗保险费的缴纳

职工应当参加职工基本医疗保险,由用人单位和职工按照国家规定共同缴纳基本医疗保险费。无雇工的个体工商户、未在用人单位参加职工基本医疗保险的非全日制从业人员以及其他灵活就业人员可以参加职工基本医疗保险,由个人按照国家规定缴纳基本医疗保险费。城镇居民基本医疗保险实行个人缴费和政府补贴相结合。享受最低生活保障的人、丧失劳动能力的残疾人、低收入家庭60周岁以上的老年人和未成年人等所需个人缴费部分,由政府给予补贴。

(二)基本医疗保险待遇

参加职工基本医疗保险的个人,达到法定退休年龄时累计缴费达到国家规定年限的,退休后不再缴纳基本医疗保险费,按照国家规定享受基本医疗保险待遇;未达到国家规定年限的,可以缴费至国家规定年限。

(三)不纳入基本医疗保险基金支付范围的费用

根据《社会保险法》的规定,下列医疗费用不纳入基本医疗保险基金支付范围:(1)应当从工伤保险基金中支付的;(2)应当由第三人负担的;(3)应当由公共卫生负担的;(4)在境外就医的。

医疗费用依法应当由第三人负担,第三人不支付或者无法确定第三人的,由基本医疗保险基金先行支付。基本医疗保险基金先行支付后,有权向第三人追偿。

(四)基本医疗保险关系的转移接续

个人跨统筹地区就业的,其基本医疗保险关系随本人转移,缴费年限累计计算。

四、工伤保险

所谓工伤保险,是指劳动者在工作中或在规定的特殊情况下,遭受意外伤害或患职业病导致暂时或永久丧失劳动能力以及死亡时,劳动者或其遗属从国家和社会获得物质帮助的一种社会保险制度。

(一)工伤保险费的缴纳

职工应当参加工伤保险,由用人单位缴纳工伤保险费,职工不缴纳工伤保险费。用人单位应当按照本单位职工工资总额,根据社会保险经办机构确定的费率缴纳工伤保险费。

(二)工伤的认定

职工因工作原因受到事故伤害或者患职业病,且经工伤认定的,享受工伤保险待遇;其中,经劳动能力鉴定丧失劳动能力的,享受伤残待遇。

职工因下列情形之一导致本人在工作中伤亡的,不认定为工伤:(1)故意犯罪;(2)醉酒或者吸毒;(3)自残或者自杀;(4)法律、行政法规规定的其他情形。

(三)未缴纳工伤保险费情况下发生工伤的处理

职工所在用人单位未依法缴纳工伤保险费,发生工伤事故的,由用人单位支付工伤保险待遇。用人单位不支付的,从工伤保险基金中先行支付。从工伤保险基金中先行支付的工伤保险待遇应当由用人单位偿还。用人单位不偿还的,社会保险经办机构可以依照《社会保险法》的规定追偿。

(四)停止享受工伤保险待遇的情形

工伤职工有下列情形之一的,停止享受工伤保险待遇:(1)丧失享受待遇条件的;(2)拒不接受劳动能力鉴定的;(3)拒绝治疗的。

五、失业保险

所谓失业保险,是指国家为了保障失业人员失业期间的基本生活,促进其再就业而建立的一种社会保险制度。

(一)失业保险费的缴纳

职工应当参加失业保险,由用人单位和职工按照国家规定共同缴纳失业保险费。

(二)领取失业保险金的条件

失业人员符合下列条件的,从失业保险基金中领取失业保险金:(1)失业前用人单位和本人已经缴纳失业保险费满一年的;(2)非因本人意愿中断就业的;(3)已经进行失业登记,并有求职要求的。

(三)领取失业保险金的期限

失业保险金领取期限自办理失业登记之日起计算。失业人员失业前用人单位和本人累计缴费满 1 年不足 5 年的,领取失业保险金的期限最长为 12 个月;累计缴费满 5 年不足 10 年的,领取失业保险金的期限最长为 18 个月;累计缴费 10 年以上的,领取失业保险金的期限最长为 24 个月。重新就业后,再次失业的，缴费时间重新计算，领取失业保险金的期限与前次失业应当领取而尚未领取的失业保险金的期限合并计算，最长不超过 24 个月。

六、生育保险

所谓生育保险，是国家通过立法，在职业妇女因生育子女而暂时中断劳动时由国家和社会及时给予生活保障和物质帮助的一项社会保险制度。

（一）生育保险费的缴纳

职工应当参加生育保险，由用人单位按照国家规定缴纳生育保险费，职工不缴纳生育保险费。用人单位已经缴纳生育保险费的，其职工享受生育保险待遇；职工未就业配偶按照国家规定享受生育医疗费用待遇。所需资金从生育保险基金中支付。

（二）生育保险待遇

生育保险待遇包括生育医疗费用和生育津贴。

生育医疗费用包括下列各项：(1)生育的医疗费用；(2)计划生育的医疗费用；(3)法律、法规规定的其他项目费用。

职工有下列情形之一的，可以按照国家规定享受生育津贴：(1)女职工生育享受产假；(2)享受计划生育手术休假；(3)法律、法规规定的其他情形。生育津贴按照职工所在用人单位上年度职工月平均工资计发。

思考题

1. 劳动合同的必备条款包括哪些？
2. 劳动合同终止的情形包括哪些？
3. 不认定为工伤的情形包括哪些？

第十八章 医疗卫生法律制度

公民健康权益保障的基础。坚持为人民健康服务是医疗卫生事业发展的根本宗旨，坚持用健康梦托起中国梦也是千万医疗卫生工作者们共同的心愿与梦想。党的十八大，明确提出要始终把维护人民健康权益放在第一位。然而，保障公民健康权益还须依靠法治，通过法治来贯彻医疗卫生服务的平等观、公平观、人权观、透明度和问责制，在良好的法治环境中保障公民的生命安全和身体健康。

第一节 药品管理法

一、药品管理法概述

药品管理法是药品管理的法律依据。我国的《药品管理法》是 1984 年制定的，分别在 2001 年、2013 年进行过两次修正。2015 年 4 月 24 日第十二届全国人民代表大会常务委员会第十四次会议通过了《关于修改〈中华人民共和国药品管理法〉的决定》，这是第三次修正。

《药品管理法》的目的是为加强药品监督管理，保证药品质量，保障人体用药安全，维护人民身体健康和用药的合法权益。

二、药品管理

（一）新药的审批程序

药品是用于防病治病的特殊商品。为保证新生产、上市的药品安全、有效，保障公众的用药安全，各国都规定，对新药必须由药品监督管理部门依照法定程序进行审批，经审查确认符合安全使用的要求后，方可用于人体进行临床试验。经临床试验确认符合安全、有效的要求后，方可批准生产、上市。

（二）药品生产企业、经营企业和医疗机构的药品购进管理

我国《药品管理法》规定，药品生产企业、药品经营企业、医疗机构必须从具有药品生产、经营资格的企业购进药品；但是，购进没有实施批准文号管理的中药材除外。

为了有效地防止非法生产、经营的药品流入市场，保障人民群众的用药安全，维护药品生产、经营活动的正常秩序，不给违法生产、经营者以可乘之机，我国《药品管理法》明确规定，药品生产企业、药品经营企业、医疗机构必须从具有药品生产、经营资格的企业购进药品；但是，购进没有实施批准文号管理的中药材除外。

（三）关于进口药品的规定

（1）禁止进口疗效不确、不良反应大或者其他原因危害人体健康的药品。

（2）药品进口，须经国务院药品监督管理部门组织审查，经审查确认符合质量标准、安全有效的，方可批准进口，并发给进口药品注册证书。

（3）药品必须从允许药品进口的口岸进口，并由进口药品的企业向口岸所在地药品监督管理部门登记备案。海关凭药品监督管理部门出具的《进口药品通关单》放行。无《进口药品通关单》的，海关不得放行。

（4）国务院药品监督管理部门对下列药品在销售前或者进口时，指定药品检验机构进行检验；检验不合格的，不得销售或者进口：①国务院药品监督管理部门规定的生物制品；②首次在中国销售的药品；③国务院规定的其他药品。

（四）禁止生产、销售假药、劣药的规定

1. 假药

药品是用于防病、治病的特殊商品。假药不但不能防病、治病，反而会贻误、加重病情，甚至会致人伤残或者死亡。为保证人民群众的用药安全，必须依法严厉打击生产、销售假药的行为。我国《药品管理法》在规定禁止生产（包括配制，下同）、销售假药的同时，对假药的定义及应按照假药论处的情形作了明确规定。

（1）有下列情形之一的，为假药：①药品所含成份与国家药品标准规定的

成份不符的;②以非药品冒充药品或者以他种药品冒充此种药品的。

(2)有下列情形之一的药品,按假药论处:①国务院药品监督管理部门规定禁止使用的;②依照本法必须批准而未经批准生产、进口,或者依照本法必须检验而未经检验即销售的;③变质的;④被污染的;⑤使用依照本法必须取得批准文号而未取得批准文号的原料药生产的;⑥所标明的适应症或者功能主治超出规定范围的。

2. 劣药

劣药是假药之外不符合药品标准的药品。劣药不仅不能治病,反而可能贻误病情,危害人身安全。因此,我国《药品管理法》在规定禁止生产、销售假药的同时,还规定禁止生产、销售劣药。而且还对劣药的定义作了规定,即药品成份的含量不符合国家药品标准的,为劣药。

我国《药品管理法》规定,有下列情形之一的药品,按劣药论处:(1)未标明有效期或者更改有效期的;(2)不注明或者更改生产批号的;(3)超过有效期的;(4)直接接触药品的包装材料和容器未经批准的;(5)擅自添加着色剂、防腐剂、香料、矫味剂及辅料的;(6)其他不符合药品标准规定的。

三、药品价格和广告的管理

(一)药品价格的管理

我国《药品管理法》对药品的价格作了如下规定。

(1)依法实行市场调节价的药品,药品的生产企业、经营企业和医疗机构应当按照公平、合理和诚实信用、质价相符的原则制定价格,为用药者提供价格合理的药品。

(2)药品的生产企业、经营企业和医疗机构应当遵守国务院价格主管部门关于药价管理的规定,制定和标明药品零售价格,禁止暴利和损害用药者利益的价格欺诈行为。

(3)药品的生产企业、经营企业、医疗机构应当依法向政府价格主管部门提供其药品的实际购销价格和购销数量等资料。

(4)医疗机构应当向患者提供所用药品的价格清单;医疗保险定点医疗机构还应当按照规定的办法如实公布其常用药品的价格,加强合理用药的管理。

(5)禁止药品的生产企业、经营企业和医疗机构在药品购销中账外暗中给予、收受回扣或者其他利益。禁止药品的生产企业、经营企业或者其代理人以任何名义给予使用其药品的医疗机构的负责人、药品采购人员、医师等有关人员以财物或者其他利益。禁止医疗机构的负责人、药品采购人员、医师等有关人员以任何名义收受药品的生产企业、经营企业或者其代理人给予的财物或者其他利益。

（二）药品广告的管理

(1)药品广告须经企业所在地省、自治区、直辖市人民政府药品监督管理部门批准，并发给药品广告批准文号；未取得药品广告批准文号的，不得发布。

(2)处方药可以在国务院卫生行政部门和国务院药品监督管理部门共同指定的医学、药学专业刊物上介绍，但不得在大众传播媒介发布广告或者以其他方式进行以公众为对象的广告宣传。

(3)药品广告的内容必须真实、合法，以国务院药品监督管理部门批准的说明书为准，不得含有虚假的内容。

(4)药品广告不得含有不科学的表示功效的断言或者保证；不得利用国家机关、医药科研单位、学术机构或者专家、学者、医师、患者的名义和形象作证明。

(5)非药品广告不得有涉及药品的宣传。

第二节　人口与计划生育法

一、人口与计划生育立法

人口多、底子薄，是我国的基本国情。人口过多和人口增长过快，给中国经济社会发展和实施可持续性发展战略带来了巨大的压力，成为制约我国现代化建设的首要问题。因此，国家把实行计划生育确立为一项必须长期坚持的基本国策，采取综合措施，控制人口数量，提高人口素质。2001 年 12 月 29 日，第九届全国人大常委会在总结近 30 年来实行计划生育的成功政策的基础上，通过了《中华人民共和国人口与计划生育法》，使我国的人口与计划生育走上了法制轨道。2015 年 12 月 27 日，第十二届全国人民代表大会常务委员会第十八次会议通过《关于修改〈中华人民共和国人口与计划生育法〉的决定》，对其进行了修正。

二、人口与计划生育的主要法律规定

(一)人口发展规划的制定与实施

1.人口发展规划的制定

人口发展规划是依据人口现状和未来发展趋势,结合未来经济社会的发展变化,制定的人口发展具体目标和要求。国务院编制人口发展规划,并将其纳入国民经济和社会发展计划。县级以上地方各级人民政府根据全国人口发展规划以及上一级人民政府人口发展规划,结合当地实际情况编制本行政区域的人口发展规划,并将其纳入国民经济和社会发展计划。

2.人口发展规划的实施

《人口与计划生育法》规定,县级以上各级人民政府根据人口发展规划,制定人口与计划生育实施方案并组织实施。县级以上各级人民政府计划生育行政部门负责实施人口与计划生育实施方案的日常工作。乡、民族乡、镇的人民政府和城市街道办事处负责本管辖区域内的人口与计划生育工作,贯彻落实人口与计划生育实施方案。

(二)生育调节

所谓生育调节,是指人们利用经济、行政、法律、医学等手段对生育行为的干预和调节,有效地控制人口数量,提高人口素质。

1.公民的生育权利和义务

公民实行计划生育的权利与义务是互相依存、不可分割的整体。《人口与计划生育法》第17条规定,公民有生育的权利,也有依法实行计划生育的义务,夫妻双方在实行计划生育中负有共同的责任。

(1)公民的生育权利。生育是公民的一项基本权利,公民依法可以生育,也可以不生育。实行计划生育要充分尊重人的权利和人的尊严。公民的计划生育权利主要有:①依法生育或不生育的权利;②实行计划生育男女平等权利;③知情选择避孕节育措施的权利;④获得计划生育、生殖健康信息和教育的权利;⑤获得避孕节育技术和生殖保健服务的权利;⑥获得法律、法规和政府规章规定的奖励、优待、社会保障的权利和平等发展的权利;⑦实行计划生育,其人身权、财产权不受侵害的权利;⑧获得法律救济的权利。

(2)公民的计划生育义务。实行计划生育是公民对社会对国家应尽的法律责任。公民的计划生育义务主要有:①公民有依法规范生育行为的义务;

②公民有自觉落实避孕节育措施，接受计划生育服务指导的义务；③公民有协助政府开展人口与计划生育工作的义务；④法律法规规定的其他义务。

2. 提倡生育两个子女

《人口与计划生育法》第18条规定，国家提倡一对夫妻生育两个子女。符合法律、法规规定条件的，可以要求安排再生育子女。具体办法由省、自治区、直辖市人民代表大会或者其常务委员会规定。少数民族也要实行计划生育，具体办法由省、自治区、直辖市人民代表大会或者其常务委员会规定。夫妻双方户籍所在地的省、自治区、直辖市之间关于再生育子女的规定不一致的，按照有利于当事人的原则适用。

3. 实行计划生育，以避孕为主

国家创造条件，保障公民知情选择安全、有效、适宜的避孕节育措施。实施避孕节育手术，应当保证受术者的安全。育龄夫妻自主选择计划生育避孕节育措施，预防和减少非意愿妊娠。实行计划生育的育龄夫妻免费享受国家规定的基本项目的计划生育技术服务。所需经费，按照国家有关规定列入财政预算或者由社会保险予以保障。

4. 禁止重男轻女

男女平等是生育调节的一个重要内容。为了确保实现男女平等，反对性别歧视，保证出生人口的正常比例，《人口与计划生育法》第22条规定："禁止歧视、虐待生育女婴的妇女和不育的妇女。禁止歧视、虐待、遗弃女婴。"第35条规定："严禁利用超声技术和其他技术手段进行非医学需要的胎儿性别鉴定；严禁非医学需要的选择性别的人工终止妊娠。"

思考题

1. 什么是假药和劣药？

2. 公民的生育权利和义务有哪些？

第十九章　环境保护和食品安全法律制度

环境法治建设是全面推进依法治国战略在环保领域的重要体现。依法治国作为“四个全面”战略布局之一，蕴含了新一代中央领导集体的智慧，是推进党和国家各项工作的重要方略。树立法治思维，强化依法行政，许多问题就可以迎刃而解。当前党和国家将生态文明建设和环境保护摆在重要位置，环保部门要将法治建设作为推进环保工作的着力点和突破口，让环境法治为环保工作保驾护航。

第一节　环境保护法

一、保护环境是国家的基本国策

2014 年 4 月 24 日，十二届全国人大常委会第八次会议表决通过了修订后的《环境保护法》。新《环境保护法》自 2015 年 1 月 1 日施行。本次修改明确了新世纪环境保护工作的指导思想，加强政府责任和责任监督，衔接和规范相关法律制度，以推进环境保护法及其相关法律的实施。

新《环境保护法》增加规定“保护环境是国家的基本国策”，并明确“环境保护坚持保护优先、预防为主、综合治理、公众参与、污染者担责的原则”。同时，在第 1 条立法目的中增加“推进生态文明建设，促进经济社会可持续发展”的规定；进一步明确“国家支持环境保护科学技术的研究、开发和应用，鼓励环境保护产业发展，促进环境保护信息化建设，提高环境保护科学技术水平”。

二、新《环境保护法》突出强调政府监督管理责任

新《环境保护法》调整篇章结构，突出强调政府责任、监督和法律责任。新

《环境保护法》强化监督管理措施，进一步强化地方各级人民政府对环境质量的责任，规定："地方各级人民政府应当对本行政区域的环境质量负责。""未达到国家环境质量标准的重点区域、流域的有关地方人民政府，应当制定限制达标规划，并采取措施按期达标。"

在政府对排污单位的监督方面，针对当前环境设施不依法正常运行、监测记录不准确等比较突出的问题，新《环境保护法》增加了现场检查的具体内容。新法在上级政府机关对下级政府机关的监督方面，加强了地方政府对环境质量的责任。同时，增加规定了环境保护目标责任制和考核评价制度，并规定了上级政府及主管部门对下级部门或工作人员工作监督的责任。

三、新《环境保护法》规定每年 6 月 5 日为环境日

新《环境保护法》增加环境日的规定，将联合国大会确定的世界环境日写入本法，规定每年 6 月 5 日为环境日。

为进一步提高公民环保意识，新《环境保护法》增加规定公民应当采用低碳节俭的生活方式。同时，增加规定公民应当遵守环境保护法律法规，配合实施环境保护措施，按照规定对生活废弃物进行分类放置，减少日常生活对环境造成的损害。

新《环境保护法》规定，各级人民政府应当加强环境保护宣传和普及工作，鼓励基层群众性自治组织、社会组织、环境保护志愿者开展环境保护法律法规和环境保护知识的宣传，营造保护环境的良好风气。教育行政部门、学校应当将环境保护知识纳入学校教育内容，培养青少年的环境保护意识。

四、新《环境保护法》设信息公开和公众参与专章

新《环境保护法》设专章规定了环境信息公开和公众参与，加强公众对政府和排污单位的监督。

(1)明确公众的知情权、参与权和监督权，规定"公民、法人和其他组织依法享有获取环境信息、参与和监督环境保护的权利。""各级人民政府环境保护主管部门和其他负有环境保护监督管理职责的部门应当依法公开环境信息、完善公众参与程序，为公民、法人和其他组织参与和监督环境保护提供便利。"

(2)明确重点排污单位应当主动公开环境信息，规定"重点排污单位应当如实向社会公开其主要污染物的名称、排放方式、排放浓度和总量、超标排放

情况，以及防治污染设施的建设和运行情况。”并规定了相应的法律责任。

(3)完善建设项目环境影响评价的公众参与，规定“对依法应当编制环境影响报告书的建设项目，建设单位应当在编制时向公众说明情况，充分征求意见。”“负责审批建设项目环境影响评价文件的部门在收到建设项目环境影响报告书后，除涉及国家秘密和商业秘密的事项外，应当全文公开；发现建设项目未充分征求公众意见的，应当责成建设单位征求公众意见。”

五、新《环境保护法》法律责任超严厉[①]

一方面授予各级政府、环保部门许多新的监管权力，环保部门对造成环境严重污染的设施设备可以查封扣押，对超标超总量的排污单位可以责令限产、停产整治。针对违法成本低的问题，设计了罚款的按日连续计罚规则，违法者受到处罚后，逾期不改的可按原处罚数额按日连续处罚，并且没有上限额度；针对未批先建又拒不改正、通过暗管排污逃避监管等违法企业责任人，引入治安拘留处罚；构成犯罪的，依法追究刑事责任。

另一方面，新《环境保护法》也规定了对环保部门自身的严厉行政问责措施，履职缺位和不到位、虚报谎报瞒报污染情况、违规审批、包庇违法、发现或接到举报违法未及时查处、违法查封扣押，篡改伪造监测数据、未依法公开政府环境信息的，对直接负责的主管人员和其他直接责任人员给予记过、降级、撤职、开除，主要负责人应当引咎辞职。

第二节　食品安全法

一、新《食品安全法》颁布实施

(一)史上最严《食品安全法》获通过

新修订的《食品安全生产法》于 2015 年 4 月 24 日十二届全国人大常委会第十四次会议表决通过了。新修订的《食品安全法》共 10 章，154 条，于 2015 年 10 月 1 日起正式施行。本次新法修改力度非常大，从原来 104 条增加 50 条变成 154 条。这部法律经全国人大常委会第九次会议、第十二次会议两次

---

① 参见《发展导报》，2015 年 1 月 9 日第 3 版。

审议，三易其稿，被称为“史上最严”的《食品安全法》。

（二）新《食品安全法》主要修改的内容

新《食品安全法》主要对八大方面的制度构建进行了修改，并明确建立最严格的全过程监管制度，如完善统一权威的食品安全监管机构；明确建立最严格的全过程监管制度，进一步强调食品生产经营者的主体责任和监管部门的监管责任；更加突出预防为主、风险防范；实行食品安全社会共治，充分发挥媒体、广大消费者在食品安全治理中的作用；突出对保健食品、特殊医学用途配方食品、婴幼儿配方食品等特殊食品的监管完善；加强对高毒、剧毒农药的管理；加强对食用农产品的管理；建立最严格的法律责任制度等。

二、食品安全法的适用范围

根据《食品安全法》的规定，在中华人民共和国境内从事下列活动，应当遵守本法：(1)食品生产和加工（以下称食品生产），食品销售和餐饮服务（以下称食品经营）；(2)食品添加剂的生产经营；(3)用于食品的包装材料、容器、洗涤剂、消毒剂和用于食品生产经营的工具、设备（以下称食品相关产品）的生产经营；(4)食品生产经营者使用食品添加剂、食品相关产品；(5)食品的贮存和运输；(6)对食品、食品添加剂、食品相关产品的安全管理。

供食用的源于农业的初级产品（以下称食用农产品）的质量安全管理，遵守《农产品质量安全法》的规定。但是，食用农产品的市场销售、有关质量安全标准的制定、有关安全信息的公布和本法对农业投入品作出规定的，应当遵守《食品安全法》的规定。

三、食品安全标准

食品安全标准应当包括下列内容：(1)食品、食品添加剂、食品相关产品中的致病性微生物，农药残留、兽药残留、生物毒素、重金属等污染物质以及其他危害人体健康物质的限量规定；(2)食品添加剂的品种、使用范围、用量；(3)专供婴幼儿和其他特定人群的主辅食品的营养成分要求；(4)对与卫生、营养等食品安全要求有关的标签、标志、说明书的要求；(5)食品生产经营过程的卫生要求；(6)与食品安全有关的质量要求；(7)与食品安全有关的食品检验方法与规程；(8)其他需要制定为食品安全标准的内容。

食品安全国家标准由国务院卫生行政部门负责制定、公布，国务院标准化行政部门提供国家标准编号。食品中农药残留、兽药残留的限量规定及其检验方法与规程由国务院卫生行政部门、国务院农业行政部门制定。屠宰畜、禽的检验规程由国务院有关主管部门会同国务院卫生行政部门制定。有关产品国家标准涉及食品安全国家标准规定内容的，应当与食品安全国家标准相一致。

四、食品生产经营

（一）食品生产经营的要求

根据《食品安全法》的规定，食品生产经营应当符合食品安全标准，并符合下列要求：（1）具有与生产经营的食品品种、数量相适应的食品原料处理和食品加工、包装、贮存等场所，保持该场所环境整洁，并与有毒、有害场所以及其他污染源保持规定的距离。（2）具有与生产经营的食品品种、数量相适应的生产经营设备或者设施，有相应的消毒、更衣、盥洗、采光、照明、通风、防腐、防尘、防蝇、防鼠、防虫、洗涤以及处理废水、存放垃圾和废弃物的设备或者设施。（3）有专职或者兼职的食品安全专业技术人员、食品安全管理人员和保证食品安全的规章制度。（4）具有合理的设备布局和工艺流程，防止待加工食品与直接入口食品、原料与成品交叉污染，避免食品接触有毒物、不洁物。（5）餐具、饮具和盛放直接入口食品的容器，使用前应当洗净、消毒，炊具、用具用后应当洗净，保持清洁。（6）贮存、运输和装卸食品的容器、工具和设备应当安全、无害，保持清洁，防止食品污染，并符合保证食品安全所需的温度、湿度等特殊要求，不得将食品与有毒、有害物品一同贮存、运输。（7）直接入口的食品应当使用无毒、清洁的包装材料、餐具、饮具和容器。（8）食品生产经营人员应当保持个人卫生，生产经营食品时，应当将手洗净，穿戴清洁的工作衣、帽等；销售无包装的直接入口食品时，应当使用无毒、清洁的容器、售货工具和设备。（9）用水应当符合国家规定的生活饮用水卫生标准。（10）使用的洗涤剂、消毒剂应当对人体安全、无害。（11）法律、法规规定的其他要求。

（二）禁止生产经营的食品、食品添加剂和食品相关产品

根据《食品安全法》的规定，禁止生产经营的食品、食品添加剂和食品相关产品有：（1）用非食品原料生产的食品或者添加食品添加剂以外的化学物质和其他可能危害人体健康物质的食品，或者用回收食品作为原料生产的食品。（2）致病性微生物，农药残留、兽药残留、生物毒素、重金属等污染物质以及其

他危害人体健康的物质含量超过食品安全标准限量的食品、食品添加剂、食品相关产品。(3)用超过保质期的食品原料、食品添加剂生产的食品、食品添加剂。(4)超范围、超限量使用食品添加剂的食品。(5)营养成分不符合食品安全标准的专供婴幼儿和其他特定人群的主辅食品。(6)腐败变质、油脂酸败、霉变生虫、污秽不洁、混有异物、掺假掺杂或者感官性状异常的食品、食品添加剂。(7)病死、毒死或者死因不明的禽、畜、兽、水产动物肉类及其制品。(8)未按规定进行检疫或者检疫不合格的肉类,或者未经检验或者检验不合格的肉类制品。(9)被包装材料、容器、运输工具等污染的食品、食品添加剂。(10)标注虚假生产日期、保质期或者超过保质期的食品、食品添加剂。(11)无标签的预包装食品、食品添加剂。(12)国家为防病等特殊需要明令禁止生产经营的食品。(13)其他不符合法律、法规或者食品安全标准的食品、食品添加剂、食品相关产品。

(三)预包装食品的包装上应当有标签

预包装食品的包装上应当有标签,标签应当标明下列事项:(1)名称、规格、净含量、生产日期;(2)成分或者配料表;(3)生产者的名称、地址、联系方式;(4)保质期;(5)产品标准代号;(6)贮存条件;(7)所使用的食品添加剂在国家标准中的通用名称;(8)生产许可证编号;(9)法律、法规或者食品安全标准规定应当标明的其他事项。专供婴幼儿和其他特定人群的主辅食品,其标签还应当标明主要营养成分及其含量。食品安全国家标准对标签标注事项另有规定的,从其规定。

以案释法

进口食品无中文标签被认定不合格

【案情介绍】2014 年 9 月至 11 月,张先生夫妇陆续在某网络科技公司开设于某商城的网店购买了美国、德国进口的婴幼儿零食、辅食、奶粉等,总共价值 7600 多元。但他发现,这些国外进口的预包装食品上没有一样具备中文标签和中文说明书。张先生认为,这违反了《食品安全法》的规定,于是起诉销售商索赔。庭审中,张先生出示了两件未拆封的邮寄包裹,当庭拆包,其中的米粉、肉泥、泡芙、鱼肝油等食品果然也都没有中文标签。对此某网络科技公司辩称，原告在产品未开封的情况下，即至法院起诉，说明其知道产品的包装情仍然购买，对原告的消费者身份持怀疑态度。另外，他们的商品均通过第三方发货，采取国外直邮或保税区直接发货的方式，因此不能保证是否具有中文标签，但对产品的质量可以保证。

法院审理认为，被告不认可原告消费者身份，但并未提供证据证明原告的购买行为为非消费行为，对此应承担举证不能的法律后果，法院依法认定原告系被告的消费者。法院同时认为，被告销售的涉讼食品系婴幼儿食用的预包装食品，均标注有外文标签，而未标注中文标签，违反了《食品安全法》对食品标签标识的要求，应当认定为不符合食品安全标准的食品。被告表示涉讼食品系由他人发货，说明被告未尽到查验涉讼食品是否符合食品安全标准的义务，应视为其明知。最终，法院支持了张先生的诉请，判决某网络科技公司退还货款 7671 元，并支付 10 倍赔偿金 76710 元。（来源：中国食品报网）

【案例评析】根据《食品安全法》第 97 条的规定，进口的预包装食品、食品添加剂应当有中文标签；依法应当有说明书的，还应当有中文说明书。标签、说明书应当符合本法以及我国其他有关法律、行政法规的规定和食品安全国家标准的要求，并载明食品的原产地以及境内代理商的名称、地址、联系方式。预包装食品没有中文标签、中文说明书或者标签、说明书不符合本条规定的，不得进口。进口的预包装食品应当有中文标签和中文说明书，并载明食品的原产地以及境内代理商的详细信息，否则消费者除了要求赔偿损失外，还可向生产者或销售者要求支付价款 10 倍的赔偿金。因此，合格的进口食品，包装上应该具备中文标签（内容包括食品名称、成分配料表、原产国、制造商、境内经销商名称及电话、生产日期、保质期等），激光 CIQ（中国检验检疫）标志和进口食品卫生证书。广大消费者应该认真学习新颁布的《食品安全法》，对于自己的权益受到侵害时，能及时拿起法律的武器来维护自身的合法权益。

思考题

1. 环境保护中，政府监督管理责任有哪些？

2. 禁止生产经营的食品、食品添加剂和食品相关产品有哪些？

第六篇 学习党章党规党纪，筑牢思想精神防线

第二十章 认真学习党章，严格遵守党章

“形成完善的党内法规体系”是建设中国特色社会主义法治体系、建设社会主义法治国家的重要内容，健全党内法规是依法治国的题中之义。《关于完善国家工作人员学法用法制度的意见》要求，党员干部要深入学习党章和党内法规，尊崇党章，增强党章党规党纪意识，做党章党规党纪和国家法律的自觉尊崇者、模范遵守者、坚定捍卫者。

第一节 党章是党的总章程，是全党必须遵循的总规矩

党章是立党、管党、治党的总章程。国要有国法，党要有党规党法。党章是最根本的党规党法。党章的性质、内容和产生程序决定了党章在党内政治生活中具有最高权威。认真学习党章、严格遵守党章，是加强党的建设的一项基础性经常性工作，也是全党同志的应尽义务和庄严责任，对强化全党党章意识，增强党的创造力、凝聚力、战斗力具有极为重要的作用。

一、党章是党的根本大法

党章是党的总章程，集中体现了党的性质和宗旨、党的理论和路线方针政

策、党的重要主张，规定了党的重要制度和体制机制，是全党必须共同遵守的根本行为规范。没有规矩，不成方圆。党章就是党的根本大法，是全党必须遵循的总规矩。在各级党组织的全部活动中，都要坚持引导广大党员、干部特别是领导干部自觉学习党章、遵守党章、贯彻党章、维护党章，自觉加强党性修养，增强党的意识、宗旨意识、执政意识、大局意识、责任意识，切实做到为党分忧、为国尽责、为民奉献。

我们党是一个拥有 8900 多万党员的政治实体。党章规定了党内生活的原则、程序和办法，体现了党的组织规律和组织规矩，是我们党处理各种矛盾和问题的"调节器""控制器"。其调节和控制功能主要表现在：一是调整党内关系，即通过规范党的组织原则和各级组织职责、党员的权利与义务，来调整党内关系；二是指导党的工作，即通过为党的工作建章立制，并辅以具体的法规条例，使党的各项工作有章可循、有法可依；三是严格党的纪律，通过对党内责、权、利的规定，确保党的团结和统一。

执政党党章不仅是党的自身建设的根本准则，而且还是调整党与国家、党与社会、党与民主党派之间关系的基本政治规范，它与社会主义法律制度紧密结合在一起，构成党治国理政的政治基础。在我们这样一个社会主义大国，中国共产党长期执政的条件下，党章和其他党内法规的贯彻实施，不仅会对国家的立法工作产生直接的影响，而且会对党员和领导干部带头遵守宪法和国家法律法规，起到积极的促进作用。党必须在宪法和法律的范围内活动，这是党章对党的领导活动和执政行为的基本规定和要求。党的各级组织和党员干部，严格遵守党章，躬行实践党章，就会对社会意识、社会风尚产生积极影响，从而推动经济建设、政治建设、文化建设、社会建设和生态文明建设健康有序发展。

二、党章是全面从严治党的总遵循

党章作为党的总章程和根本大法，提出了全面从严治党的基本要求，明确了全面从严治党的基本内容。主要包括，对党的性质、宗旨、指导思想、奋斗纲领和重大方针政策作出明确规定，对党员权利和义务作出明确规定，对党的制度和各级党组织的行为规范作出明确规定，对党的各级领导干部的基本条件作出明确规定，对党的纪律作出明确规定。在不同历史时期，党所要解决的问题有所不同，从严治党的重点也有所不同，但都必须以党章为根本依据。只有以党章为准绳，全面从严治党才能始终坚持正确方向；只有严格落实党章，全面从严治党才能取得经得起历史和实践检验的成果。

“人不以规矩则废，党不以规矩则乱。”不遵守党章、不贯彻党章，全面从严治党就没有出发点和落脚点，就会带来严重后果，党的事业就会遭受损失。典型的例子，比如周永康、徐才厚、令计划、苏荣等人，是怎么从党的高级领导干部走到人民的对立面上去的？他们自认为身居高位，谁也管不了，在他们眼里，哪里还有党章，哪里还有规矩？正是这个原因，他们与党离心离德、结党营私、卖官鬻爵、为所欲为，最终倒在反腐铁拳之下，成为党和人民的罪人。其结局可悲，其教训深刻。现实中，一些党组织软弱涣散、缺乏战斗力，一些党员党章意识淡薄、组织观念淡化，一些领导干部理想信念动摇、宗旨观念不强，说到底都与党章意识不强，不了解党章要求，不能很好地遵守党章、贯彻党章有关。针大的窟窿斗大的风。组织也好，个人也好，对这些现象一定要引起高度重视，严格对照党章，把自己摆进去，认真查摆原因，切实解决管党不够全面、治党不严不实的问题，防患于未然。具体地说，就是要落实习近平总书记提出的要求，“在各级党组织的全部活动中，都要坚持引导广大党员、干部特别是领导干部自觉学习党章、遵守党章、贯彻党章、维护党章，自觉加强党性修养，增强党的意识、宗旨意识、执政意识、大局意识、责任意识，切实做到为党分忧、为国尽责、为民奉献”。

党章在党内具有最高权威性和最强约束力。按照党章要求全面从严治党，根本在全面，核心在从严，重点在治吏。根本在全面，就是要把党章要求具体落实和体现到党的思想建设、组织建设、作风建设、制度建设和反腐倡廉建设的各个方面，每一个党的组织、每一名党员、干部，都要把党章作为最根本的行为规范，内化于心、外化于行。核心在从严，就是要以党章为基本标准，严格要求、严格教育、严格管理、严格监督，发扬共产党人最讲认真的精神，对不符合党章要求的，严肃查处惩治，使“严”成为新形势下党的建设最鲜明的特点。重点在治吏，就是要抓住领导干部这个“关键少数”，坚持党章面前人人平等、遵守党章没有特权、执行党章没有例外，让领导干部知所为知所不为，以自己的行动积极营造良好政治生态，发挥好领导干部在党的事业中的骨干作用和在党员、群众中的示范作用。

第二节　学习党章、尊崇党章、遵守党章、维护党章

学习党章、尊崇党章、遵守党章、维护党章，既是树立党章意识的前提，又是强化党章意识的落脚点。每一个共产党员都应自觉地以此为价值取向、行为准则和终身课题，对自己高标准、严要求，真正做到知行合一。这是从严治党的关键所在，是治国理政的前提和基础。

一、认真学习党章

认真学习和深刻领会党章的基本精神和主要内容是党员干部牢固地树立党章意识的前提和基础。党章既是立党、治党、管党、建党的总章程，也是规范党员言行的根本准则，更是党员必须掌握的世界观和方法论。《关于在全体党员中开展“学党章党规、学系列讲话，做合格党员”学习教育方案》指出：“着眼明确基本标准、树立行为规范，逐条逐句通读党章，全面理解党的纲领，牢记入党誓词，牢记党的宗旨，牢记党员义务和权利，引导党员尊崇党章、遵守党章、维护党章，坚定理想信念，对党绝对忠诚。”《关于推进“两学一做”学习教育常态化制度化的意见》进一步指出：“坚持读原著、学原文、悟原理，联系实际学、带着问题学、不断跟进学，领会掌握基本精神、基本内容、基本要求，做到学而信、学而思、学而行。学习党章党规，要深刻认识党章是管党治党的总规矩总遵循，践行党内政治生活准则、党内监督条例和廉洁自律准则等党内法规要求。”

只有深入全面系统学习党章，准确领会和掌握其精髓和实质，努力做到真学、真懂、真信、真用，真正把党章的基本观点、基本规定、基本要求内化于心，外化于行，始终保持政治思想、工作作风、组织纪律、行为举止上的先进性。当前，学习贯彻党章，要在全面理解和掌握党章的各项基本规定和要求的同时，重点结合党的十八大和十八届三中、四中、五中、六中全会精神来理解和学习。在深入推进“两学一做”学习教育常态化制度化过程中，党员干部特别是领导干部要把学习党章作为锤炼党性的基本功、必修课，时刻牢记自己第一身份是党员，无论职务高低，都要以普通党员身份参加党的组织生活，要带头学习，认真学习党章党规，知敬畏、存戒惧、守底线。

二、严格遵守和维护党章

“两学一做”学习教育，把党章党规在全面从严治党中的地位和作用提升

到一个新的高度。每名党员干部都要把尊崇党章、学习党章、遵守党章、维护党章作为最基本的要求，切实加强以党章为重点的党规党纪学习教育，不断强化党员意识和党章意识，成为党章党规的主动学习者、坚定执行者、忠实捍卫者，自觉做遵守维护党章党规的表率。

做遵守维护党章党规的表率，就要自觉尊崇，不断强化党章党规意识。习近平总书记指出："每一个共产党员特别是领导干部都要牢固树立党章意识，自觉用党章规范自己的一言一行。"各级党组织和广大党员干部要按照习近平总书记的要求，把党章党规作为加强党性修养的标准，作为指导党的工作、党内活动、党的建设的依据，把党章党规各项规定落实到行动上、体现到工作中。

党章是党的最高行为规范，是全体党员必须遵守的基本准则，对各级党组织和党员的政治行为、组织行为、工作行为以及生活行为都提出了明确要求。严格遵守党章，自觉维护党章的权威，既是对党员干部提出的最起码的基本要求，也是党员干部的崇高职责和神圣使命。

每一个共产党员特别是领导干部，不论担任何种职务、从事何种工作，都要时刻牢记自己在党旗下所做的庄严承诺，自觉遵守和维护党章，严格按党章的规定和要求来约束和规范自己。要树立崇高的理想信念，始终保持工人阶级先锋战士的本质；要牢记党的宗旨，努力提高为人民服务的能力和本领；要坚持以马列主义、毛泽东思想、邓小平理论、"三个代表"重要思想和科学发展观为指导，增强中国特色社会主义的道路自信、理论自信、制度自信和文化自信，更加自觉地走科学发展之路；要认真履行党员的权利和义务，服从党的组织和党的原则，自觉接受党章党纪的规范和监督；要不断强化遵守意识，严格在党章允许的范围内活动，经常按照党章和党内的各项规定对照检查，做到严格依党章办事，凡是党章所规定的，不管在什么情况下，都坚决去做；凡是党章所反对的，不管有什么理由，都坚决不做，始终将自己置于党章的制约和监督之下。同时对其他党员不按党章规定办事、违反党章的言论和行为也要及时提醒并坚决制止和纠正，特别是对那些损害党的威信和形象的各种腐败现象，敢于做坚决的斗争，以实际行动维护党的纯洁和集中统一，维护党章的权威性和严肃性。只有严格遵守党章的各项规定，真正将党章作为指导我们工作、活动的根本依据，才能将党章的规定落实到行动上，贯彻到工作中，体现在生活里。

三、努力践行党章，做遵守党章的模范

党章是党的根本大法，是加强党的执政能力和先进性建设的法规制度依

据，对全党同志都具有最高的约束力和指导作用。因此，全体党员都必须认真学习党章，努力践行党章。

第一，学习践行党章，领导干部要起模范带头作用。领导干部带头学习党章，遵守党章，会产生很强的示范效应和推动力。领导干部带头学习党章，贯彻党章，才能确保党章根本大法的地位和作用，才能使党章各方面的规定落到实处，从而真正发挥出党章保持党的先进性的重要作用来。领导干部带头学习党章、遵守党章，才能引导党员深入理解党章的各项规定，解决学以致用的问题。

第二，学习践行党章，要树立党章意识。全体党员干部都要提高对党章重要性的认识，深刻认识党章的性质、党的根本大法的地位和在保持党的先进性方面的重要作用。只有牢固树立了党章意识，才有可能自觉地遵守党章，按党章的规定办事。

第三，学习践行党章，要认真研读党章。遵守法律首先要知法懂法，遵守党章首先要了解党章的规定。因此，认真学习党章是遵守党章、照章办事的前提。切实抓好十八大党章的学习，是学习贯彻十八大和十八届三中、四中、五中、六中全会精神的重要内容。广大党员要原原本本学习党章原文，掌握党章的精神实质，进一步强化党章意识和党员意识、组织观念和纪律观念。要通过学习，进一步把思想和行动统一到十八大和十八届三中、四中、五中、六中全会精神上来。

第四，学习践行党章，要严格按党章规定办事。按党章规定办事才能体现党员干部的先锋模范作用。先进性的发挥是先进意识、先进行为与先进效果的有机统一。学习的目的在于运用。新形势新任务对我们学习贯彻党章提出了新课题、新要求。当前，对于党员干部来说，学习贯彻党的十八大党章，最重要和最关键的就是要紧密结合党的十八届六中全会精神，联系自身的思想实际、工作实际和生活实际，联系新党章提出的新思想、新观点、新要求，努力践行党章的各项规定和基本要求，把党章所体现的先进性，创造性地贯彻落实到建设中国特色社会主义事业的丰富实践中。

思考题

1. 为什么说党章是全党必须遵循的总规矩？

2. 党员干部应如何努力践行党章，做遵守党章的模范？

第二十一章　强化党规党纪学习,守住为人、做事的基准和底线

治国必先治党,治党务必从严,治必依据法规。党内法规是管党治党的重要依据,依规管党治党建设党是依法治国的重要前提和政治保障。管理好我们党这样一个有着8900多万名党员的大党,离不开完备的党内法规制度作保障。《关于完善国家工作人员学法用法制度的意见》要求,各级党组织要切实履行学习宣传党内法规的职责,坚持全面从严治党、依规管党,把党内法规作为学习型党组织建设的重要内容,充分发挥正面典型倡导和反面案例警示作用,为党内法规的贯彻实施营造良好氛围。

第一节　深刻理解和把握党内法规的内涵和分类

党的十八大以来,习近平总书记反复强调要把“权力关进制度的笼子里”,党员干部要“守纪律讲规矩”,更加突出了“党内法规”的重要性。党的十八届三中全会通过的《中共中央关于全面深化改革若干重大问题的决定》提出:“紧紧围绕提高科学执政、民主执政、依法执政水平深化党的建设制度改革”。2013年11月27日发布的《中央党内法规制定工作五年规划纲要(2013—2017年)》(以下简称《纲要》),作为我们党历史上第一个党内法规制定工作规划纲要,是十八届三中全会关于党的建设制度改革的具体体现和重要内容。《纲要》对新形势下构建党内法规制度体系、全面提高党的建设科学化水平作出要求和部署,把一个马克思主义政党的主张,鲜明地标注在一个新的高度。

一、党内法规的内涵

2013年5月27日，中共中央发布《中国共产党党内法规制定条例》（以下简称《制定条例》），废止了《中国共产党党内法规制定程序暂行条例》，并对“党内法规”的定义进行了完善，其规定“党内法规是党的中央组织以及中央纪律检查委员会、中央各部门和省、自治区、直辖市党委制定的规范党组织的工作、活动和党员行为的党内规章制度的总称”。而党章是最根本的党内法规，是制定其他党内法规的基础和依据。

首先，党内法规的制定主体是党的中央组织以及中央纪律检查委员会、中央各部门及省级党委。这一要素明确了党内法规并非党内所有主体能够制定，而是“省级以上（含省级）”的党内主体所制定。通过主体分解，不难发现是否具有相当组织级别是制定党内法规的必要前置条件，而“省级以下（不含省级）”的市县委员会制定的文件，不管规范何种事项，均不能称为“党内法规”。

其次，党内法规的规范对象是党组织的工作、活动和党员行为。党内法规作为党内重要的规范，其指向是党组织和党员。在“省级以上”制定主体的视野内，与党组织的工作、活动有关的，与党员行为有关的，都可以成为党内法规的规范内容。

最后，党内法规的表现形式是党内规章制度。这一要素的规范意义比较大，直接表明党内法规是成文的党内规范。另外，根据《制定条例》的规定，“党内法规的名称为党章、准则、条例、规则、规定、办法、细则”。

总体上，党内规范可以分为两类：一类是党内成文规范；另一类是党内不成文的优良传统和工作惯例，也可以称为“重要的党内规矩”。前者又可以分为党内法规和党内规范性文件。根据2013年5月27日经中央批准发布的《中国共产党党内法规和规范性文件备案规定》，可以看出，党内规范性文件又可以分为两类：一类是党的各级组织在履行职责过程中形成的具有普遍约束力、可以反复适用的文件；另一类是党的各级组织在履行职责过程中形成的不具有普遍约束力、不可以反复适用的文件。

二、党内法规的分类

根据《中国共产党党内法规制定条例》规定，党内法规分为党章、准则、条例、规则、规定、办法、细则等7类，这7类名称反映了党内法规的基本内容、适用范围和效力等级，对于党内法规的制定、执行和遵守具有重要意义。

(1)党章对党的性质和宗旨、路线和纲领、指导思想和奋斗目标、组织原则和组织机构、党员义务和权利以及党的纪律等作出根本规定。党章在党内法规中具有最高效力，由党的全国代表大会制定、修改并发布。现行党章是 1982 年 9 月党的十二大通过的，2012 年 11 月党的十八大对其进行了第六次修改。

(2)准则对全党政治生活、组织生活和全体党员行为作出基本规定。准则由中央委员会全体会议或者中央政治局会议审议批准，以中共中央名义发布。党的十一届三中全会以来制定过两部准则：一是 1980 年党的十一届五中全会通过的《关于党内政治生活的若干准则》，2016 年 10 月党的十八届六中全会审议通过了新修订的《关于新形势下党内政治生活的若干准则》；二是中共中央 1997 年制定、2015 年修订的《中国共产党廉洁自律准则》。

(3)条例对党的某一领域重要关系或者某一方面重要工作作出全面规定。条例由党的中央组织制定，以中共中央名义发布。目前，重要的条例主要有《中国共产党党员权利保障条例》《中国共产党全国代表大会和地方各级代表大会代表任期制暂行条例》《党政领导干部选拔任用工作条例》《中国共产党地方委员会工作条例》《中国共产党纪律处分条例》《中国共产党党内监督条例》《中国共产党巡视工作条例》《中国共产党问责条例》等。

(4)中央纪律检查委员会、中央各部门和省、自治区、直辖市党委制定的党内法规，称为规则、规定、办法、细则。规则、规定、办法、细则对党的某一方面重要工作或者事项作出具体规定。其中，规则是规范党的领导机关的议事程序和工作方法的党内法规，常见的有议事规则、工作规则等；规定是调整党内生活中的一般性问题或者某一方面工作的党内法规，规范的范围和对象比较集中，措施和要求比较具体；办法是对贯彻执行条例、规定或者进行某项具体工作的方法、步骤和措施作出规定的党内法规，具有较强的程序性、针对性和可操作性；细则是为保证条例、规定正确实施而制定的配套规范，是对条例、规定中有关内容的含义、界限、程序、责任的细化、具体化，具有很强的操作性。

第二节　中国共产党廉洁自律准则

2015 年 10 月，中共中央印发了《中国共产党廉洁自律准则》(以下简称

《廉洁自律准则》)，并发出通知，要求各地区各部门认真遵照执行。《廉洁自律准则》贯彻党的十八大和十八届三中、四中全会精神，坚持依规治党与以德治党相结合，紧扣廉洁自律主题，重申党的理想信念宗旨、优良传统作风，重在立德，是党执政以来第一部坚持正面倡导、面向全体党员的规范全党廉洁自律工作的重要基础性法规，是对党章规定的具体化，体现了全面从严治党实践成果，为党员和党员领导干部树立了一个看得见、够得着的高标准，展现了共产党人的高尚道德追求，对于深入推进党风廉政建设和反腐败斗争，加强党内监督，永葆党的先进性和纯洁性，具有十分重要的意义。

一、《廉洁自律准则》的特点

与《廉洁从政若干准则》相比，这次准则修订的幅度非常大，无论法规的名称还是内容都有较大变化——从四部分、18 条、3600 余字到 8 条、281 字。修订后的《廉洁自律准则》坚持依规治党与以德治党相结合，针对现阶段党员领导干部和党员在廉洁自律方面存在的主要问题，提出原则要求和规范，展现共产党人高尚道德追求，体现古今中外道德规范从高不从低的共性要求。一是紧扣“廉洁自律”，去除与其无直接关系的条文。二是坚持正面倡导，将“8 个禁止”“52 个不准”有关“负面清单”内容移入同步修订的《中国共产党纪律处分条例》。三是面向全体党员，将适用对象从党员领导干部扩大到全体党员，充分体现全面从严治党要求。四是突出“关键少数”，抓住党员领导干部这个重点，提出比普通党员更高要求。五是删繁就简，努力做到简洁、好懂、易记。修订后的《廉洁自律准则》，是党执政以来第一部坚持正面倡导、面向全体党员的廉洁自律规范，是向全体党员发出的道德宣示和对全国人民的庄严承诺。

二、《廉洁自律准则》的主要内容

《廉洁自律准则》明确规定，中国共产党全体党员和各级党员领导干部必须坚定共产主义理想和中国特色社会主义信念，必须坚持全心全意为人民服务根本宗旨，必须继承发扬党的优良传统和作风，必须自觉培养高尚道德情操，努力弘扬中华民族传统美德，廉洁自律，接受监督，永葆党的先进性和纯洁性。

(一)党员廉洁自律规范

修订后的《廉洁自律准则》，不再仅仅针对党员领导干部，而是面向全体党员。针对全体党员,围绕如何正确对待和处理"公与私""廉与腐""俭与奢""苦与乐"的关系,提出了"四个坚持":(1)坚持公私分明,先公后私,克己奉公;(2)坚持崇廉拒腐,清白做人,干净做事;(3)坚持尚俭戒奢,艰苦朴素,勤俭节约;(4)坚持吃苦在前,享受在后,甘于奉献。

(二)党员领导干部廉洁自律规范

针对党员领导干部,修订后的《廉洁自律准则》围绕"廉洁"二字,从公仆本色、行使权力、品行操守、良好家风等四个方面,提出了"四个自觉":(1)廉洁从政,自觉保持人民公仆本色;(2)廉洁用权,自觉维护人民根本利益;(3)廉洁修身,自觉提升思想道德境界;(4)廉洁齐家,自觉带头树立良好家风。

《廉洁自律准则》开篇即围绕理想信念、根本宗旨、优良传统作风、高尚情操提出"四个必须"的原则要求,并将落脚点放在永葆党的先进性和纯洁性上,向全党、全社会和全体人民彰显了我们党坚持清正廉洁政治本色和建设廉洁政治的鲜明立场,具有思想激励和导向作用,是共产党人矢志不渝的高尚道德追求。"八条规范"提供了具体清晰的法规依据和执行标准,便于全体党员和各级党员领导干部进行对照,提高自律意识,防微杜渐,筑牢思想道德防线。

各级党组织要切实担当和落实好全面从严治党的主体责任,抓好《廉洁自律准则》的学习宣传、贯彻落实,把各项要求刻印在全体党员特别是党员领导干部心上。各级党员领导干部要发挥表率作用,以更高更严的要求,带头践行廉洁自律规范。广大党员要加强党性修养,保持和发扬党的优良传统作风,使廉洁自律规范内化于心、外化于行,坚持理想信念宗旨"高线",永葆共产党人清正廉洁的政治本色。

第三节　中国共产党纪律处分条例

纪律是党的生命。党的纪律保证理想信念宗旨,体现优良传统作风,保障路线方针政策。全面从严治党,把纪律和规矩挺在前面就是治本。2015 年 10 月,中共中央印发了《中国共产党纪律处分条例》(以下简称《党纪处分条例》),并发出通知,要求各地区各部门认真遵照执行。新修订的《党纪处分条例》贯彻党的十八大和十八届三中、四中全会精神,坚持依规治党与以德治党相结合,围绕党纪戒尺要求,开列负面清单,重在立规,是对党章规定的具体化,划出了党组织和党员不可触碰的底线，对于贯彻全面从严治党要求，把纪律和规矩挺在前面，切实维护党章和其他党内法规的权威性、严肃性，保证党的路线、方针、政策、决议和国家法律法规的贯彻执行，深入推进党风廉政建设和反腐败斗争具有十分重要的意义。

一、修订后的《党纪处分条例》的新特点

原《党纪处分条例》共三编、15 章、178 条、24000 余字。修订后的《党纪处分条例》共三编、11 章、133 条、17000 余字，分为“总则”“分则”和“附则”等三部分。新《党纪处分条例》适应全面从严治党要求，体现了对依规治党规律认识的深化，实现了纪律建设的与时俱进。新《党纪处分条例》主要有以下变化和特点：

（一）尊崇党章，细化纪律

党章是党内根本大法，是管党治党的总章程。全面从严治党首先要遵循党章，用严明的纪律维护党章，把党章的权威立起来。新《党纪处分条例》把党章和其他主要党内法规对党组织和党员的纪律要求细化，明确规定违反党章就要依规给予相应党纪处分。将原来以破坏社会主义市场经济秩序等为主的十类违纪行为，整合规范为政治纪律、组织纪律、廉洁纪律、群众纪律、工作纪律和生活纪律等六类，使新《党纪处分条例》的内容真正回归党的纪律，为广大党员开列了一份“负面清单”。

（二）突出政治纪律和政治规矩

在党的全部纪律中，政治纪律是打头、管总的。不管违反哪方面的纪律，最终都会侵蚀党的执政基础，破坏政治纪律。当前，一些党组织和党员干部对政治纪律认识模糊、思想麻木、意识淡漠。加强纪律建设，政治纪律和政治规矩永远排在第一位。《党纪处分条例》针对现阶段违纪问题的突出表现，强调政治纪律和政治规矩、组织纪律，对反对党的领导和党的基本理论、基本路线、基本纲领、基本经验、基本要求行为作出处分规定，增加拉帮结派、对抗组织等违纪条款，确保中央政令畅通和党的集中统一。

（三）坚持纪严于法、纪在法前，实现纪法分开

新《党纪处分条例》坚持问题导向，做到纪法分开。凡是国家法律已有的内容，就不再重复规定，共去除 70 余条与《刑法》《治安管理处罚法》等法律法规重复的内容。在总则中重申党组织和党员必须自觉接受党的纪律约束，模

范遵守国家法律法规；在分则中规定，凡是党员被依法逮捕的，都应中止其表决权、选举权和被选举权等党员权利，凡是党员干部违法犯罪，除过失犯罪外，一律要受到党纪处分，从而实现党纪与国法的衔接。

（四）体现作风建设和反腐败斗争的最新成果

全面从严治党，首先是从落实中央八项规定精神破的题，成效有口皆碑，必须驰而不息、坚持巩固深化。新《党纪处分条例》将党的十八大以来落实中央八项规定精神、反对“四风”方面的要求，转化为纪律条文，体现了作风建设永远在路上、不是一阵风。针对反腐败斗争中出现的新问题，增加了权权交易、利用职权为亲属谋利等违纪条款。突出群众纪律，新增了侵害群众利益、漠视群众诉求等违纪条款，对破坏党同人民群众血肉联系的行为作出处分规定，用纪律保障党的宗旨。

二、“六大纪律”划出党员“行为底线”

新《党纪处分条例》丰富并重构党的纪律体系，从政治纪律、组织纪律、廉洁纪律、群众纪律、工作纪律和生活纪律等六个方面制定具体处分条款，把旧版《廉洁从政若干准则》核心内容纳入廉洁纪律范畴，并且强化惩治新出现的违纪行为，对形形色色的违纪行为形成强制力。

（一）政治纪律

政治纪律，是党的各级组织和全体党员在政治方向、政治立场、政治言论和政治行为方面必须遵守的行为准则，是维护党的团结统一的根本保证。政治纪律是最重要、最根本的纪律，是打头、管总的纪律，遵守党的政治纪律是遵守党的全部纪律的重要基础。

对比旧条例，新《党纪处分条例》政治纪律“负面清单”至少出现了三个新提法：“妄议中央大政方针，破坏党的集中统一”“在党内搞团团伙伙、结党营私、拉帮结派、培植私人势力或者通过搞利益交换、为自己营造声势等活动捞取政治资本”“对抗组织审查”。

新《党纪处分条例》规定，通过信息网络、广播、电视、报刊、书籍、讲座、论坛、报告会、座谈会等方式妄议中央大政方针，破坏党的集中统一的，情节较轻的，给予警告或者严重警告处分；情节较重的，给予撤销党内职务或者留党察看处分；情节严重的，给予开除党籍处分。

同时还规定，在党内搞团团伙伙、结党营私、拉帮结派、培植私人势力或者通过搞利益交换、为自己营造声势等活动捞取政治资本的，给予严重警告或者撤销党内职务处分；情节严重的，给予留党察看或者开除党籍处分。

（二）组织纪律

组织纪律，是规范和处理党的各级组织之间、党组织与党员之间以及党员与党员之间关系的行为规则，是维护党的集中统一、保持党的战斗力的重要保证。

新《党纪处分条例》在组织纪律“负面清单”新增规定：党员领导干部违反有关规定组织、参加自发成立的老乡会、校友会、战友会等，情节严重的，给予警告、严重警告或者撤销党内职务处分。同时新增规定：违反有关规定取得外国国籍或者获取国（境）外永久居留资格、长期居留许可的，给予撤销党内职务、留党察看或者开除党籍处分。此外，组织纪律“负面清单”中的新提法还有“非组织活动”“不如实向组织说明问题”“不执行请示报告制度”“不如实报告个人事项”，以及“篡改、伪造个人档案”等。

2013 年和 2014 年，习近平总书记两次在不同场合表示，党的干部来自五湖四海，不能借着老乡会、同学会、战友会等场合，搞小圈子、拉帮结派、称兄道弟，“宗派主义必须处理，山头主义必须铲除”。

（三）廉洁纪律

廉洁纪律，是党组织和党员在从事公务活动或者其他与行使职权有关的活动中，应当遵守的廉洁用权的行为规则，是实现干部清正、政府清廉、政治清明的重要保障。

新《党纪处分条例》在廉洁纪律“负面清单”中新增规定：搞权色交易或者给予财物搞钱色交易的，给予警告或者严重警告处分；情节较重的，给予撤销党内职务或者留党察看处分；情节严重的，给予开除党籍处分。“权色交易”“钱色交易”也是十八大以来的高频词，如铁道部原部长刘志军案，其与丁书苗的利益勾连就存在“权色交易”“钱色交易”问题。

同时，新增内容还至少包括八项规定执行中的 8 大集中问题：大吃大喝超标准、超范围接待；滥发津贴补贴、奖金；违规配备使用公车；楼堂馆所违规；违反会议活动管理规定举办各类节会、庆典；违规接受宴请或旅游、健身、娱乐等活动；收受超出正常礼尚往来的礼品、礼金、消费卡；违规持有会员卡、高尔夫球卡等各种消费卡，或出入私人会所。

（四）群众纪律

群众纪律，是党组织和党员在贯彻执行党的群众路线和处理党群关系过程中必须遵循的行为规则。群众纪律是党的性质和宗旨的体现，是密切党与群众血肉联系的重要保证，更具有执政党纪律的特色。这次修订将违反群众纪律的行为单设为一类，恢复了“三大纪律、八项注意”中关于群众纪律的优良传统，以保持党与人民群众的血肉联系。

新《党纪处分条例》在群众纪律“负面清单”中，新增侵害群众利益、漠视群众诉求、侵害群众民主权益等内容，“不按照规定公开党务、政务、厂务”和“救灾救济款物分配优亲厚友、明显有失公平”等，均被列入“负面清单”中。

此外，还首提“形象工程”：“不顾群众意愿，盲目铺摊子、上项目，致使国家、集体或者群众财产和利益遭受较大损失的，对直接责任者和领导责任者，给予警告或者严重警告处分；情节严重的，给予撤销党内职务或者留党察看处分”。

（五）工作纪律

工作纪律，是党组织和党员在党的各项具体工作中必须遵循的行为规则，是党组织和党员依规开展各项工作的重要保证。

新《党纪处分条例》在工作纪律“负面清单”中新增了两个新提法：“不履行全面从严治党主体责任或者履行全面从严治党主体责任不力”“干预和插手市场经济活动”。历次中央巡视反馈的问题表明，干预和插手建设工程项目承发包、土地使用权出让、房地产开发与经营、矿产资源开发利用、“红顶中介”等是高发问题，多个巡视点被查出这个问题。

新《党纪处分条例》规定，党员领导干部违反有关规定干预和插手司法活动、执纪执法活动，向有关地方或者部门打招呼、说情，或者以其他方式对司法活动、执纪执法活动施加影响，情节较轻的，给予严重警告处分；情节较重的，给予撤销党内职务或者留党察看处分；情节严重的，给予开除党籍处分。党员领导干部违反有关规定干预和插手公共财政资金分配、项目立项评审、政府奖励表彰等活动，造成重大损失或者不良影响的，依照前款规定处理。

（六）生活纪律

生活纪律，是党员在日常生活和社会交往中应当遵守的行为规则，涉及党员个人品德、家庭美德、社会公德等各个方面，关系党的形象。党组织和党员违反上述六类行为的，应当追究纪律责任。

生活纪律“负面清单”将旧《党纪处分条例》中的“与他人通奸”“包养情妇（夫）”提法，修改为“与他人发生不正当性关系”，并提出：利用职权、教养关系、从属关系或者其他相类似关系与他人发生性关系的，从重处分。

生活纪律“负面清单”中的新提法还有“生活奢靡、贪图享乐、追求低级趣味”“违背社会公序良俗，在公共场所有不当行为”等。而有其他严重违反社会公德、家庭美德行为的，应当视具体情节给予警告直至开除党籍处分。

三、纪律处分的种类、措施及规则

（一）纪律处分的种类

对党员的纪律处分有五种：警告，严重警告，撤销党内职务，留党察看和开除党籍。

党的各级代表大会的代表受到留党察看以上（含留党察看）处分的，党组织应当终止其代表资格。

（二）纪律处分的处理措施

对党组织严重违纪有两种处理措施：改组和解散。

（1）改组：对于严重违犯党纪、本身又不能纠正的党组织领导机构，应当予以改组。受到改组处理的党组织领导机构成员，除应当受到撤销党内职务以上（含撤销党内职务）处分的外，均自然免职。

（2）解散：对于全体或者多数党员严重违犯党纪的党组织，应当予以解散。对于受到解散处理的党组织中的党员，应当逐个审查。其中，符合党员条件的，应当重新登记，并参加新的组织过党的生活；不符合党员条件的，应当对其进行教育、限期改正，经教育仍无转变的，予以劝退或者除名；有违纪行为的，依照规定予以追究。

（三）纪律处分的运用规则

（1）五种可以从轻或者减轻处分的情形：①主动交代本人应当受到党纪处分的问题的；②检举同案人或者其他人应当受到党纪处分或者法律追究的问题，经查证属实的；③主动挽回损失、消除不良影响或者有效阻止危害结果发生的；④主动上交违纪所得的；⑤有其他立功表现的。

（2）三种应当从重或者加重处分的情形：①在纪律集中整饬过程中，不收敛、不收手的；②强迫、唆使他人违纪的；③本条例另有规定的。

同时新《党纪处分条例》还规定，故意违纪受处分后又因故意违纪应当受到党纪处分的，应当从重处分。党员违纪受到党纪处分后，又被发现其受处分前的违纪行为应当受到党纪处分的，应当从重处分。

新《党纪处分条例》是管党治党的一把戒尺、党员的基本底线和遵循。党的各级组织和广大党员干部要坚持底线思维，敬畏纪律，守住底线，防微杜渐，保持党的先进性和纯洁性。

以案释法

“不收敛、不收手”要从重、加重处分

【案情介绍】2015 年 3 月，经中共中央批准，中共中央纪委对河北省委原常委、秘书长景某某严重违纪问题进行了立案审查。经查，景某某违反廉洁自律规定，收受礼金；利用职务上的便利在干部选拔任用、企业经营等方面为他人谋取利益，收受巨额贿赂；严重违反社会主义道德，与他人通奸。其中，受贿问题涉嫌犯罪。景某某身为党的高级领导干部，严重违反党的政治规矩和组织纪律，严重违纪违法，且党的十八大后仍不收敛、不收手，性质恶劣、情节严重。依据《中国共产党纪律处分条例》等有关规定，经中央纪委审议并报中共中央批准，决定给予景某某开除党籍、开除公职处分。被“双开”，景某某的政治生命就此宣告结束。事情当然没有完，还要“将其涉嫌犯罪问题、线索及所涉款物移送司法机关依法处理”。（来源：新华网）

【案例评析】2015 年 2 月，中纪委在通报官员违纪查处情况时首次用了“十八大后仍不收敛、不收手”的表述。我们党和国家反腐的方针是：发现一起、查处一起，严格执法，绝不姑息。无论是十八大以前和以后，只要有贪腐，必定就会遭到严格的查处。“党的十八大后仍不收敛、不收手”这句话其实是对反腐基本方针的一个补充。也就是说，十八大以前有贪腐，发现就会被查，如果“党的十八大后仍不收敛、不收手”则不但要被查处，还会罪加一等。同时，这句话也亮出了党中央高度重视反贪、反腐的决心。首先，“不收敛、不收手”，意味着对党的要求和规矩置若罔闻。“你有千条妙计，我有一定之规”，做足表面文章，欺骗人民和党。在习近平总书记两次出席的河北省委常委民主生活会上，景某某还在那里说些冠冕堂皇的套话假话，对比其被“双开”真是莫大的讽刺。然而，“贪污腐化之心不死”才是他的本来面目。唯有这样的“两面

人”，才具有更大的欺骗性和危害性。其次，“不收敛、不收手”，就是铁了心与党和人民作对，贪腐到底。列宁说过：“政治上有修养的人是不会贪污的。”像景某某这样的腐败高官，他们根本不懂得什么是“政治上有修养”。在金钱、利益、物欲、美色这些东西面前，他们就“一叶障目，不见其林”了。2015 年 10 月 18 日发布实施修订后的《中国共产党纪律处分条例》在第三章“纪律处分运用规则”中，将“在纪律集中整饬过程中，不收敛、不收手的”列入从重、加重处分的行列，亦可见中央对于严惩顶风违纪者的决心。

类似景某某这样的腐败分子“不收敛、不收手”的本质，就在于他们极其错误地高估了自己的力量，低估了党和人民的力量；极其错误地高估了邪恶的力量，低估了正义的力量；极其错误地高估了所谓“一时掌握的权力”的力量，低估了法制、纪律、规矩的力量。历史与现实的无数实例都证明一个道理：人生在世，不可以不明是非，不可以不讲规矩，不可以触犯纪律和法律的底线，不然就要受到惩罚。普通公民都必须懂得这个道理，高级官员更应该懂得这个道理。“苦海无边，回头是岸。”一个人在犯错、犯罪之初，觉悟到自己有了罪孽，或者认识到大势已经改变，从而“收敛”和“收手”就是一种“回头”，“回头”就有重新做人的希望，反之如果执迷不悟，一意孤行，在做坏事的邪道上“不收敛、不收手”，那么下场就必定可悲可耻。一切有廉耻心、道德感和人格尊严的人，特别是共产党员和各级领导干部都值得引以为戒。（来源：长城时评）

思考题

1. 强调国家工作人员加强学习党内法规有何意义？

2. 党员领导干部怎样才能做到廉洁自律？

3.《中国共产党纪律处分条例》从哪些方面划出了党员干部的“行为底线”？

附录一

中共中央国务院转发

《中央宣传部、司法部关于在公民中开展法治宣传教育的第七个五年规划(2016—2020年)》

新华社北京4月17日电　近日,中共中央、国务院转发了《中央宣传部、司法部关于在公民中开展法治宣传教育的第七个五年规划(2016—2020年)》(以下简称“七五”普法规划),并发出通知,要求各地区各部门结合实际认真贯彻执行。

通知指出,全民普法和守法是依法治国的长期基础性工作。深入开展法治宣传教育,是贯彻落实党的十八大和十八届三中、四中、五中全会精神的重要任务,是实施“十三五”规划、全面建成小康社会的重要保障。

通知要求,各级党委和政府要把法治宣传教育纳入当地经济社会发展规划,进一步健全完善党委领导、人大监督、政府实施的法治宣传教育工作领导体制,确保“七五”普法规划各项目标任务落到实处。要坚持把领导干部带头学法、模范守法作为树立法治意识的关键,完善国家工作人员学法用法制度,把法治观念强不强、法治素养好不好作为衡量干部德才的重要标准,把能不能遵守法律、依法办事作为考察干部的重要内容,切实提高领导干部运用法治思维和法治方式深化改革、推动发展、化解矛盾、维护稳定的能力。坚持从青少年抓起,把法治教育纳入国民教育体系,引导青少年从小掌握法律知识、树立法治意识、养成守法习惯。要坚持法治宣传教育与法治实践相结合,深化基层组织和部门、行业依法治理,深化法治城市、法治县(市、区)等法治创建活动,全面提高全社会法治化治理水平。要推进法治教育与道德教育相结合,促进实现法律和道德相辅相成、法治和德治相得益彰。要健全普法宣传教育机制,实行国家机关“谁执法谁普法”的普法责任制,健全媒体公益普法制度,推进法治宣传教育工作创新,不断增强法治宣传教育的实效。要通过深入开展法治宣传教育,传播法律知识,弘扬法治精神,建设法治文化,充分发挥法治宣传教育在全面依法治国中的基础作用,推动全社会树立法治意识,为顺利实施“十三五”规划、全面建成小康社会营造良好的法治环境。

《中央宣传部、司法部关于在公民中开展法治宣传教育的第七个五年规划(2016—2020年)》全文如下。

在党中央、国务院正确领导下,全国第六个五年法制宣传教育规划(2011—2015年)顺利实施完成,法治宣传教育工作取得显著成效。以宪法为核心的中国特色社会主义法律体系得到深入宣传,法治宣传教育主题活动广泛开展,多层次多领域依法治理不断深化,法治创建活动全面推进,全社会法治观念明显增强,社会治理法治化水平明显提高,法治宣传教育在建设社会主义法治国家中发挥了重要作用。

党的十八大以来,以习近平同志为总书记的党中央对全面依法治国作出了重要部署,对法治宣传教育提出了新的更高要求,明确了法治宣传教育的基本定位、重大任务和重要措施。十八届三中全会要求"健全社会普法教育机制";十八届四中全会要求"坚持把全民普法和守法作为依法治国的长期基础性工作,深入开展法治宣传教育";十八届五中全会要求"弘扬社会主义法治精神,增强全社会特别是公职人员尊法学法守法用法观念,在全社会形成良好法治氛围和法治习惯"。习近平总书记多次强调"领导干部要做尊法学法守法用法的模范",要求法治宣传教育"要创新宣传形式,注重宣传实效",为法治宣传教育工作指明了方向,提供了基本遵循。与新形势新任务的要求相比,有的地方和部门对法治宣传教育重要性的认识还不到位,普法宣传教育机制还不够健全,实效性有待进一步增强。深入开展法治宣传教育,增强全民法治观念,对于服务协调推进"四个全面"战略布局和"十三五"时期经济社会发展,具有十分重要的意义。为做好第七个五年法治宣传教育工作,制定本规划。

一、指导思想、主要目标和工作原则

第七个五年法治宣传教育工作的指导思想是:高举中国特色社会主义伟大旗帜,全面贯彻党的十八大和十八届三中、四中、五中全会精神,以马克思列宁主义、毛泽东思想、邓小平理论、"三个代表"重要思想、科学发展观为指导,深入贯彻习近平总书记系列重要讲话精神,坚持"四个全面"战略布局,坚持创新、协调、绿色、开放、共享的发展理念,按照全面依法治国新要求,深入开展法治宣传教育,扎实推进依法治理和法治创建,弘扬社会主义法治精神,建设社会主义法治文化,推进法治宣传教育与法治实践相结合,健全普法宣传教育机制,推动工作创新,充分发挥法治宣传教育在全面依法治国中的基础作用,推动全社会树立法治意识,为"十三五"时期经济社会发展营造良好法治环境,为实现"两个一百年”奋斗目标和中华民族伟大复兴的中国梦作出新的贡献。

第七个五年法治宣传教育工作的主要目标是:普法宣传教育机制进一步健全,法治宣传教育实效性进一步增强,依法治理进一步深化,全民法治观念和全体党员党章党规意识明显增强,全社会厉行法治的积极性和主动性明显提高,形成守法光荣、违法可耻的社会氛围。

第七个五年法治宣传教育工作应遵循以下原则:

——坚持围绕中心,服务大局。围绕党和国家中心工作开展法治宣传教育,更好地服务协调推进“四个全面”战略布局,为全面实施国民经济和社会发展“十三五”规划营造良好法治环境。

——坚持依靠群众,服务群众。以满足群众不断增长的法治需求为出发点和落脚点,以群众喜闻乐见、易于接受的方式开展法治宣传教育,增强全社会尊法学法守法用法意识,使国家法律和党内法规为党员群众所掌握、所遵守、所运用。

——坚持学用结合,普治并举。坚持法治宣传教育与依法治理有机结合,把法治宣传教育融入立法、执法、司法、法律服务和党内法规建设活动中,引导党员群众在法治实践中自觉学习、运用国家法律和党内法规,提升法治素养。

——坚持分类指导,突出重点。根据不同地区、部门、行业及不同对象的实际和特点,分类实施法治宣传教育。突出抓好重点对象,带动和促进全民普法。

——坚持创新发展,注重实效。总结经验,把握规律,推动法治宣传教育工作理念、机制、载体和方式方法创新,不断提高法治宣传教育的针对性和实效性,力戒形式主义。

二、主要任务

(一)深入学习宣传习近平总书记关于全面依法治国的重要论述。党的十八大以来,习近平总书记站在坚持和发展中国特色社会主义全局的高度,对全面依法治国作了重要论述,提出了一系列新思想、新观点、新论断、新要求,深刻回答了建设社会主义法治国家的重大理论和实践问题,为全面依法治国提供了科学理论指导和行动指南。要深入学习宣传习近平总书记关于全面依法治国的重要论述,增强走中国特色社会主义道路的自觉性和坚定性,增强全社会厉行法治的积极性和主动性。深入学习宣传以习近平同志为总书记的党中央关于全面依法治国的重要部署,宣传科学立法、严格执法、公正司法、全民守法和党内法规建设的生动实践,使全社会了解和掌握全面依法治国的重大意义和总体要求,更好地发挥法治的引领和规范作用。

（二）突出学习宣传宪法。坚持把学习宣传宪法摆在首要位置，在全社会普遍开展宪法教育，弘扬宪法精神，树立宪法权威。深入宣传依宪治国、依宪执政等理念，宣传党的领导是宪法实施的最根本保证，宣传宪法确立的国家根本制度、根本任务和我国的国体、政体，宣传公民的基本权利和义务等宪法基本内容，宣传宪法的实施，实行宪法宣誓制度，认真组织好“12·4”国家宪法日集中宣传活动，推动宪法家喻户晓、深入人心，提高全体公民特别是各级领导干部和国家机关工作人员的宪法意识，教育引导一切组织和个人都必须以宪法为根本活动准则，增强宪法观念，坚决维护宪法尊严。

（三）深入宣传中国特色社会主义法律体系。坚持把宣传以宪法为核心的中国特色社会主义法律体系作为法治宣传教育的基本任务，大力宣传宪法相关法、民法商法、行政法、经济法、社会法、刑法、诉讼与非诉讼程序法等多个法律部门的法律法规。大力宣传社会主义民主政治建设的法律法规，提高人民有序参与民主政治的意识和水平。大力宣传保障公民基本权利的法律法规，推动全社会树立尊重和保障人权意识，促进公民权利保障法治化。大力宣传依法行政领域的法律法规，推动各级行政机关树立“法定职责必须为、法无授权不可为”的意识，促进法治政府建设。大力宣传市场经济领域的法律法规，推动全社会树立保护产权、平等交换、公平竞争、诚实信用等意识，促进大众创业、万众创新，促进经济在新常态下平稳健康运行。大力宣传有利于激发文化创造活力、保障人民基本文化权益的相关法律法规，促进社会主义精神文明建设。大力宣传教育、就业、收入分配、社会保障、医疗卫生、食品安全、扶贫、慈善、社会救助和妇女儿童、老年人、残疾人合法权益保护等方面法律法规，促进保障和改善民生。大力宣传国家安全和公共安全领域的法律法规，提高全民安全意识、风险意识和预防能力。大力宣传国防法律法规，提高全民国防观念，促进国防建设。大力宣传党的民族、宗教政策和相关法律法规，维护民族地区繁荣稳定，促进民族关系、宗教关系和谐。大力宣传环境保护、资源能源节约利用等方面的法律法规，推动美丽中国建设。大力宣传互联网领域的法律法规，教育引导网民依法规范网络行为，促进形成网络空间良好秩序。大力宣传诉讼、行政复议、仲裁、调解、信访等方面的法律法规，引导群众依法表达诉求、维护权利，促进社会和谐稳定。在传播法律知识的同时，更加注重弘扬法治精神、培育法治理念、树立法治意识，大力宣传宪法法律至上、法律面前人人平等、权由法定、权依法使等基本法治理念，破除“法不责众”、“人情大于国法”等错误认识，引导全民自觉守法、遇事找法、解决问题靠法。

（四）深入学习宣传党内法规。适应全面从严治党、依规治党新形势新要求，切实加大党内法规宣传力度。突出宣传党章，教育引导广大党员尊崇党章，以党章为根本遵循，坚决维护党章权威。大力宣传《中国共产党廉洁自律准则》、《中国共产党纪律处分条例》等各项党内法规，注重党内法规宣传与国家法律宣传的衔接和协调，坚持纪在法前、纪严于法，把纪律和规矩挺在前面，教育引导广大党员做党章党规党纪和国家法律的自觉尊崇者、模范遵守者、坚定捍卫者。

（五）推进社会主义法治文化建设。以宣传法律知识、弘扬法治精神、推动法治实践为主旨，积极推进社会主义法治文化建设，充分发挥法治文化的引领、熏陶作用，使人民内心拥护和真诚信仰法律。把法治文化建设纳入现代公共文化服务体系，推动法治文化与地方文化、行业文化、企业文化融合发展。繁荣法治文化作品创作推广，把法治文化作品纳入各级文化作品评奖内容，纳入艺术、出版扶持和奖励基金内容，培育法治文化精品。利用重大纪念日、民族传统节日等契机开展法治文化活动，组织开展法治文艺展演展播、法治文艺演出下基层等活动，满足人民群众日益增长的法治文化需求。把法治元素纳入城乡建设规划设计，加强基层法治文化公共设施建设。

（六）推进多层次多领域依法治理。坚持法治宣传教育与法治实践相结合，把法律条文变成引导、保障经济社会发展的基本规则，深化基层组织和部门、行业依法治理，深化法治城市、法治县（市、区）等法治创建活动，提高社会治理法治化水平。深入开展民主法治示范村（社区）创建，进一步探索乡村（社区）法律顾问制度，教育引导基层群众自我约束、自我管理。发挥市民公约、乡规民约、行业规章、团体章程等社会规范在社会治理中的积极作用，支持行业协会商会类社会组织发挥行业自律和专业服务功能，发挥社会组织对其成员的行为导引、规则约束、权益维护作用。

（七）推进法治教育与道德教育相结合。坚持依法治国和以德治国相结合的基本原则，以法治体现道德理念，以道德滋养法治精神，促进实现法律和道德相辅相成、法治和德治相得益彰。大力弘扬社会主义核心价值观，弘扬中华传统美德，培育社会公德、职业道德、家庭美德、个人品德，提高全民族思想道德水平，为全面依法治国创造良好人文环境。强化规则意识，倡导契约精神，弘扬公序良俗，引导人们自觉履行法定义务、社会责任、家庭责任。发挥法治在解决道德领域突出问题中的作用，健全公民和组织守法信用记录，完善守法诚信褒奖机制和违法失信行为惩戒机制。

三、对象和要求

法治宣传教育的对象是一切有接受教育能力的公民，重点是领导干部和青少年。

坚持把领导干部带头学法、模范守法作为树立法治意识的关键。完善国家工作人员学法用法制度，把宪法法律和党内法规列入党委(党组)中心组学习内容，列为党校、行政学院、干部学院、社会主义学院必修课；把法治教育纳入干部教育培训总体规划，纳入国家工作人员初任培训、任职培训的必训内容，在其他各类培训课程中融入法治教育内容，保证法治培训课时数量和培训质量，切实提高领导干部运用法治思维和法治方式深化改革、推动发展、化解矛盾、维护稳定的能力，切实增强国家工作人员自觉守法、依法办事的意识和能力。加强党章和党内法规学习教育，引导党员领导干部增强党章党规党纪意识，严守政治纪律和政治规矩，在廉洁自律上追求高标准，自觉远离违纪红线。健全日常学法制度，创新学法形式，拓宽学法渠道。健全完善重大决策合法性审查机制，积极推行法律顾问制度，各级党政机关和人民团体普遍设立公职律师，企业可设立公司律师。把尊法学法守法用法情况作为考核领导班子和领导干部的重要内容。把法治观念强不强、法治素养好不好作为衡量干部德才的重要标准，把能不能遵守法律、依法办事作为考察干部的重要内容。

坚持从青少年抓起。切实把法治教育纳入国民教育体系，制定和实施青少年法治教育大纲，在中小学设立法治知识课程，确保在校学生都能得到基本法治知识教育。完善中小学法治课教材体系，编写法治教育教材、读本，地方可将其纳入地方课程义务教育免费教科书范围，在小学普及宪法基本常识，在中、高考中增加法治知识内容，使青少年从小树立宪法意识和国家意识。将法治教育纳入“中小学幼儿园教师国家级培训计划”，加强法治课教师、分管法治教育副校长、法治辅导员培训。充分利用第二课堂和社会实践活动开展青少年法治教育，在开学第一课、毕业仪式中有机融入法治教育内容。加强对高等院校学生的法治教育，增强其法治观念和参与法治实践的能力。强化学校、家庭、社会“三位一体”的青少年法治教育格局，加强青少年法治教育实践基地建设和网络建设。

各地区各部门要根据实际需要，从不同群体的特点出发，因地制宜开展有特色的法治宣传教育。突出加强对企业经营管理人员的法治宣传教育，引导他们树立诚信守法、爱国敬业意识，提高依法经营、依法管理能力。加强对农民工等群体的法治宣传教育，帮助、引导他们依法维权，自觉运用法律手段解决矛盾纠纷。

四、工作措施

第七个法治宣传教育五年规划从 2016 年开始实施，至 2020 年结束。各地区各部门要根据本规划，认真制定本地区本部门规划，深入宣传发动，全面组织实施，确保第七个五年法治宣传教育规划各项目标任务落到实处。

（一）健全普法宣传教育机制。各级党委和政府要加强对普法工作的领导，宣传、文化、教育部门和人民团体要在普法教育中发挥职能作用。把法治教育纳入精神文明创建内容，开展群众性法治文化活动。人民团体、社会组织要在法治宣传教育中发挥积极作用，健全完善普法协调协作机制，根据各自特点和实际需要，有针对性地组织开展法治宣传教育活动。积极动员社会力量开展法治宣传教育，加强各级普法讲师团建设，选聘优秀法律和党内法规人才充实普法讲师团队伍，组织开展专题法治宣讲活动，充分发挥讲师团在普法工作中的重要作用。鼓励引导司法和行政执法人员、法律服务人员、大专院校法律专业师生加入普法志愿者队伍，畅通志愿者服务渠道，健全完善管理制度，培育一批普法志愿者优秀团队和品牌活动，提高志愿者普法宣传水平。加强工作考核评估，建立健全法治宣传教育工作考评指导标准和指标体系，完善考核办法和机制，注重考核结果的运用。健全激励机制，认真开展“七五”普法中期检查和总结验收，加强法治宣传教育先进集体、先进个人表彰工作。围绕贯彻中央关于法治宣传教育的总体部署，健全法治宣传教育工作基础制度，加强地方法治宣传教育条例制定和修订工作，制定国家法治宣传教育法。

（二）健全普法责任制。实行国家机关“谁执法谁普法”的普法责任制，建立普法责任清单制度。建立法官、检察官、行政执法人员、律师等以案释法制度，在执法司法实践中广泛开展以案释法和警示教育，使案件审判、行政执法、纠纷调解和法律服务的过程成为向群众弘扬法治精神的过程。加强司法、行政执法案例整理编辑工作，推动相关部门面向社会公众建立司法、行政执法典型案例发布制度。落实“谁主管谁负责”的普法责任，各行业、各单位要在管理、服务过程中，结合行业特点和特定群体的法律需求，开展法治宣传教育。健全媒体公益普法制度，广播电视、报纸期刊、互联网和手机媒体等大众传媒要自觉履行普法责任，在重要版面、重要时段制作刊播普法公益广告，开设法治讲堂，针对社会热点和典型案（事）例开展及时权威的法律解读，积极引导社会法治风尚。各级党组织要坚持全面从严治党、依规治党，切实履行学习宣传党内法规的职责，把党内法规作为学习型党组织建设的重要内容，充分发挥正面典型倡导和反面案例警示作用，为党内法规的贯彻实施营造良好氛围。

（三）推进法治宣传教育工作创新。创新工作理念，坚持服务党和国家工作大局、服务人民群众生产生活，努力培育全社会法治信仰，增强法治宣传教育工作实效。针对受众心理，创新方式方法，坚持集中法治宣传教育与经常性法治宣传教育相结合，深化法律进机关、进乡村、进社区、进学校、进企业、进单位的

“法律六进”主题活动，完善工作标准，建立长效机制。创新载体阵地，充分利用广场、公园等公共场所开展法治宣传教育，有条件的地方建设宪法法律教育中心。在政府机关、社会服务机构的服务大厅和服务窗口增加法治宣传教育功能。积极运用公共活动场所电子显示屏、服务窗口触摸屏、公交移动电视屏、手机屏等，推送法治宣传教育内容。充分运用互联网传播平台，加强新媒体新技术在普法中的运用，推进“互联网＋法治宣传”行动。开展新媒体普法益民服务，组织新闻网络开展普法宣传，更好地运用微信、微博、微电影、客户端开展普法活动。加强普法网站和普法网络集群建设，建设法治宣传教育云平台，实现法治宣传教育公共数据资源开放和共享。适应我国对外开放新格局，加强对外法治宣传工作。

五、组织领导

（一）切实加强领导。各级党委和政府要把法治宣传教育纳入当地经济社会发展规划，定期听取法治宣传教育工作情况汇报，及时研究解决工作中的重大问题，把法治宣传教育纳入综合绩效考核、综治考核和文明创建考核内容。各级人大要加强对法治宣传教育工作的日常监督和专项检查。健全完善党委领导、人大监督、政府实施的法治宣传教育工作领导体制，加强各级法治宣传教育工作组织机构建设。高度重视基层法治宣传教育队伍建设，切实解决人员配备、基本待遇、工作条件等方面的实际问题。

（二）加强工作指导。各级法治宣传教育领导小组每年要将法治宣传教育工作情况向党委（党组）报告，并报上级法治宣传教育工作领导小组。加强沟通协调，充分调动各相关部门的积极性，发挥各自优势，形成推进法治宣传教育工作创新发展的合力。结合各地区各部门工作实际，分析不同地区、不同对象的法律需求，区别对待、分类指导，不断增强法治宣传教育的针对性。坚持问题导向，深入基层、深入群众调查研究，积极解决问题，努力推进工作。认真总结推广各地区各部门开展法治宣传教育的好经验、好做法，充分发挥先进典型的示范和带动作用，推进法治宣传教育不断深入。

（三）加强经费保障。各地区要把法治宣传教育相关工作经费纳入本级财政预算，切实予以保障，并建立动态调整机制。把法治宣传教育列入政府购买服务指导性目录。积极利用社会资金开展法治宣传教育。

中国人民解放军和中国人民武装警察部队的第七个五年法治宣传教育工作，参照本规划进行安排部署。

（来源：《人民日报》2016 年 4 月 18 日第 1 版）

附录二

部分国家工作人员履行职责应学习的法律法规(名录)

(1)公安机关工作人员履行职责应学习的法律法规有:《中华人民共和国人民警察法》《中华人民共和国治安管理处罚法》《中华人民共和国道路交通安全法》《中华人民共和国人民警察使用警械和武器条例》《公安机关办理行政案件程序规定》《公安机关办理刑事案件程序规定》《公安机关人民警察内务条令》《公安机关人民警察执法过错责任追究规定》《公安机关办理国家赔偿案件程序规定》《公安机关办理行政案件程序规定》《公安机关强制隔离戒毒所管理办法》《公安机关人民警察证使用管理规定》等。

(2)检察机关工作人员履行职责应学习的法律法规有:《中华人民共和国检察官法》《中华人民共和国人民检察院组织法》《人民检察院刑事诉讼规则(试行)》《人民检察院监察工作条例》《人民检察院国家赔偿工作规定》《人民检察院举报工作规定》《人民检察院检察委员会组织条例》《人民检察院鉴定规则(试行)》《最高人民检察院检务督察工作暂行规定》《人民检察院错案责任追究条例(试行)》等。

(3)法院工作人员履行职责应学习的法律法规有:《中华人民共和国法官法》《人民法院工作人员处分条例》《中华人民共和国法官职业道德基本准则》《最高人民法院关于案例指导工作的规定》《人民法院书记员管理办法(试行)》《中华人民共和国法官培训条例》《法官行为规范》等。

(4)农业机关工作人员履行职责应学习的法律法规有:《中华人民共和国农业法》《中华人民共和国种子法》《中华人民共和国农业技术推广法》《中华人民共和国草原法》《中华人民共和国渔业法》《中华人民共和国农村土地承包法》《农业行政处罚程序规定》《中华人民共和国农药管理条例》《基本农田保护条例》《兽药管理条例》《种畜禽管理条例》《农业行政执法证件管理办法》《肥料登记管理办法》《兽药管理条例实施细则》《渔业捕捞许可管理规定》等。

(5)水利机关工作人员履行职责应学习的法律法规有:《中华人民共和国水法》《中华人民共和国防洪法》《中华人民共和国水土保持法》《水行政许可实施

办法》《南水北调工程供用水管理条例》《实行最严格水资源管理制度考核办法》《取水许可和水资源费征收管理条例》《国家农业节水纲要(2012—2020年)》《中华人民共和国抗旱条例》《中华人民共和国水文条例》《水利工程建设标准强制性条文管理办法(试行)》《水利工程质量检测管理规定》《取水许可管理办法》《水利部政务公开暂行规定》《水行政许可听证规定》《水利工程建设安全生产管理规定》《水政监察工作章程》等。

(6)林业机关工作人员履行职责应学习的法律法规有:《中华人民共和国森林法》《中华人民共和国防沙治沙法》《中华人民共和国野生动物保护法》《退耕还林条例》《开展林木转基因工程活动审批管理办法》《中华人民共和国森林法实施条例》《森林防火条例》《中华人民共和国自然保护区条例》《林木林地权属争议处理办法》《林木和林地权属登记管理办法》《林业行政处罚程序规定》《林业行政执法监督办法》《林业行政处罚听证规则》等。

(7)国土资源机关工作人员履行职责应学习的法律法规有:《中华人民共和国土地管理法》《中华人民共和国矿产资源法》《中华人民共和国测绘法》《基本农田保护条例》《不动产登记暂行条例》《国土资源行政处罚办法》《土地权属争议调查处理办法》《土地复垦条例实施办法》《中华人民共和国深海海底区域资源勘探开发法》《地质环境监测管理办法》《国土资源行政复议规定》《土地储备管理办法》等。

(8)工商机关工作人员履行职责应学习的法律法规有:《中华人民共和国广告法》《中华人民共和国商标法》《中华人民共和国企业国有资产法》《中华人民共和国循环经济促进法》《中华人民共和国公司登记管理条例》《流通领域商品质量监督管理办法》《公益广告促进和管理暂行办法》《严重违法失信企业名单管理暂行办法》《工商行政管理机关执法监督规定》《工商行政管理行政处罚信息公示暂行规定》《企业公示信息抽查暂行办法》《工商行政管理部门处理消费者投诉办法》《流通领域商品质量抽查检验办法》等。

(9)旅游机关工作人员履行职责应学习的法律法规有:《中华人民共和国旅游法》《旅行社条例》《导游人员管理条例》《中国公民出国旅游管理办法》《旅游行政处罚办法》《旅游规划设计单位资质等级认定管理办法》《旅行社责任保险管理办法》《边境旅游暂行管理办法》《旅游投诉处理办法》《旅行社条例实施细则》《国家旅游局行政许可实施暂行办法》《旅游经营服务不良信息管理办法(试行)》《旅游景区质量等级管理办法》等。

(10)道路交通运输机关工作人员履行职责应学习的法律法规有:《中华人民共和国公路法》《中华人民共和国道路运输条例》《国内水路运输管理条例》

《中华人民共和国港口法》《中华人民共和国航道管理条例》《中华人民共和国内河交通安全管理条例》《公路安全保护条例》《超限运输车辆行驶公路管理规定》《路政管理规定》《危险化学品安全管理条例》《道路危险货物运输管理规定》《放射性物品道路运输管理规定》等。

(11)审计机关工作人员履行职责应学习的法律法规有:《中华人民共和国审计法》《审计机关审计处理处罚的规定》《中华人民共和国预算法》《中共审计署党组工作规则》《关于进一步加大审计力度促进稳增长等政策措施落实的意见》《国务院关于加强审计工作的意见》《中华人民共和国审计法实施条例》《财政违法行为处罚处分条例》《行政执法机关移送涉嫌犯罪案件的规定》《中华人民共和国国家审计准则》《审计署关于内部审计工作的规定》《审计机关审计人员职业道德准则》《中央预算执行情况审计监督暂行办法》《党政主要领导干部和国有企业领导人员经济责任审计规定》等。

(12)住房和城乡建设机关工作人员履行职责应学习的法律法规有:《中华人民共和国建筑法》《中华人民共和国城市房地产管理法》《国有土地上房屋征收与补偿条例》《中华人民共和国招标投标法》《中华人民共和国安全生产法》《中华人民共和国防震减灾法》《城市市容和环境卫生管理条例》《城市道路管理条例》《城市供水条例》《建设行政处罚程序暂行规定》《建设工程质量管理条例》《物业管理条例》《城市绿化条例》《城市商品房预售管理条例》等。

(13)环境保护机关工作人员履行职责应学习的法律法规有:《中华人民共和国环境保护法》《中华人民共和国大气污染防治法》《中华人民共和国循环经济促进法》《中华人民共和国水污染防治法》《中华人民共和国固体废物污染环境防治法》《中华人民共和国环境影响评价法》《中华人民共和国清洁生产促进法》《中华人民共和国大气污染防治法》《中华人民共和国环境噪声污染防治法》《畜禽规模养殖污染防治条例》《城镇排水与污水处理条例》《放射性废物安全管理条例》《突发环境事件应急管理办法》《突发环境事件调查处理办法》《环境监察办法》等。

(14)税务机关工作人员履行职责应学习的法律法规有:《中华人民共和国税收征收管理法》《中华人民共和国税收征收管理法实施细则》《中华人民共和国增值税暂行条例》《中华人民共和国增值税暂行条例实施细则》《中华人民共和国消费税暂行条例》《中华人民共和国消费税暂行条例实施细则》《中华人民共和国营业税暂行条例》《中华人民共和国营业税暂行条例实施细则》《中华人民共和国资源税暂行条例》《中华人民共和国资源税暂行条例实施细则》《中华人民共和国企业所得税法》《中华人民共和国企业所得税法实施条例》《中华人

民共和国个人所得税法》《中华人民共和国个人所得税法实施条例》《中华人民共和国城镇土地使用税暂行条例》《中华人民共和国城市维护建设税暂行条例》《中华人民共和国固定资产投资方向调节税暂行条例》《中华人民共和国土地增值税暂行条例》《中华人民共和国土地增值税暂行条例实施细则》《中华人民共和国房产税暂行条例》《中华人民共和国车船税暂行条例》《中华人民共和国印花税暂行条例》《中华人民共和国印花税暂行条例施行细则》《中华人民共和国车辆购置税暂行条例》等。

(15)质检机关工作人员履行职责应学习的法律法规有:《中华人民共和国产品质量法》《中华人民共和国计量法》《中华人民共和国进出境动植物检疫法》《中华人民共和国特种设备安全法》《中华人民共和国工业产品生产许可证管理条例实施办法》《设备监理单位资格管理办法》《质量监督检验检疫行政许可实施办法》《质量监督检验检疫统计管理办法》《出入境人员携带物检疫管理办法》《进口食品境外生产企业注册管理规定》《进出口乳品检验检疫监督管理办法》《缺陷汽车产品召回管理条例》《中华人民共和国认证认可条例》等。

(16)安监机关工作人员履行职责应学习的法律法规有:《中华人民共和国安全生产法》《中华人民共和国矿产资源法》《中华人民共和国煤炭法》《中华人民共和国矿山安全法》《中华人民共和国职业病防治法》《煤矿安全监察条例》《生产安全事故报告和调查处理条例》《工伤保险条例》《特种作业人员安全技术培训考核管理办法》《特种设备安全监察条例》等。

(17)食药监机关工作人员履行职责应学习的法律法规有:《中华人民共和国药品管理法》《中华人民共和国广告法》《中华人民共和国食品安全法》《医疗器械监督管理条例》《戒毒条例》《乳品质量安全监督管理条例》《生猪屠宰管理条例》《国务院关于加强食品等产品安全监督管理的特别规定》《麻醉药品和精神药品管理条例》《反兴奋剂条例》《食品生产经营日常监督检查管理办法》《保健食品注册与备案管理办法》《食用农产品市场销售质量安全监督管理办法》《医疗器械使用质量监督管理办法》《药品经营质量管理规范》。